工商管理类创新融合精品教材
"互联网＋"教育改革新理念教材

员工关系管理

主　编◎陈浩浩　　宋美超　　陈　静

副主编◎曾　珍　　陈虹宇　　盛晓锋

　　　　陈　娟　　张　莺　　王胜男

　　　　魏建新　　马敏超

湖南大学出版社
·长沙·

图书在版编目(CIP)数据

员工关系管理/陈浩浩,宋美超,陈静主编. —长沙：湖南大学出版社,2024.8

ISBN 978-7-5667-3511-9

I. ①员… II. ①陈… ②宋… ③陈… III. ①企业管理-人事管理 IV. ①F272.92

中国国家版本馆 CIP 数据核字(2024)第 069050 号

员工关系管理
YUANGONG GUANXI GUANLI

主　编:	陈浩浩　宋美超　陈　静					
责任编辑:	贾志萍					
印　装:	涿州汇美亿浓印刷有限公司					
开　本:	889 mm×1194 mm　1/16	印　张:	11	字　数:	267 千字
版　次:	2024 年 8 月第 1 版	印　次:	2024 年 8 月第 1 次印刷
书　号:	ISBN 978-7-5667-3511-9					
定　价:	49.80 元					

出 版 人: 李文邦
出版发行: 湖南大学出版社
社　　址: 湖南·长沙·岳麓山　　　　邮　编: 410082
电　　话: 0731-88822559(营销部)　　88821174(编辑部)　　88821006(出版部)
传　　真: 0731-88822264(总编室)
网　　址: http://press.hnu.edu.cn
电子邮箱: xiaoshulianwenhua@163.com

前　言

在传统的企业中，员工关系管理仅包含人事手续、员工档案信息管理和社会保险等事务性职能内涵。随着我国劳动法律环境的深刻变化、人力资源市场供需关系的根本性转变，新形态的员工关系管理内容日趋广泛而深入，这些内容涉及企业文化、员工劳动关系、劳动争议处理、用工方式、员工保障、员工行为规范与约束、奖惩与评价、员工满意度、职场社会网络、工作与生活平衡、尊重与被公平对待等极其广泛的管理内涵，其技术难度和管理风险日渐凸显。新型员工关系管理日益成为现代企业人力资源管理的核心职能。

本书以党的二十大精神为指导，融入构建和谐劳动关系、规范发展就业新形态、完善劳动关系协商协调机制和劳动者权益保障制度等新内容；并根据教学需要，增添了我国一些知名企业的经典案例，以尽量体现我国企业员工关系管理的特色。

本书主要内容包括员工关系管理概述、企业文化建设、员工入职管理、员工劳动合同管理、员工离职管理、保密与竞业限制、劳动争议的预防与处理、用工方式管理、员工保障与健康管理、员工行为约束与激励管理、组织公平与满意度。

由于编者学识水平有限，书中不可避免地存有纰漏。限于个人视野和格局，一些观点仅为一己之见，恳请广大读者给予批评和指正。

编　者
2024 年 7 月

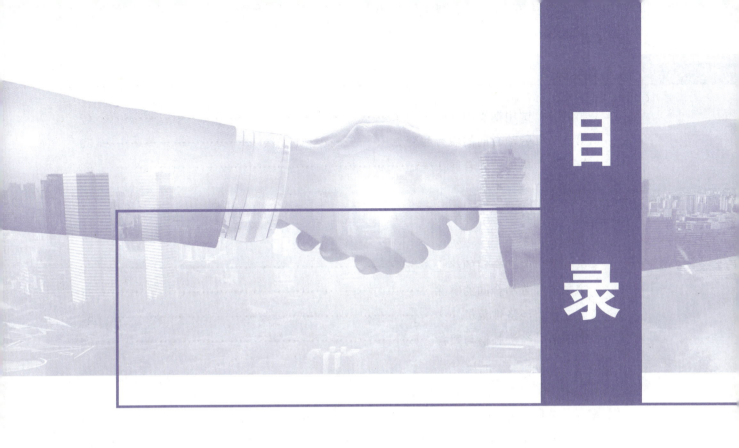

目 录

第一章

员工关系管理概述

学习目标

①了解员工关系管理是企业人力资源管理的核心职能，其职责和工作任务贯穿人力资源管理的各个环节和全过程。

②明了企业员工关系管理模式与运作方式依企业性质、环境、发展阶段和员工特征等而有所不同，但必须遵照一定的法律法规和工作目标进行有效的管理和协调。

③明确企业内外部环境变化对员工关系管理的影响，结合时代特征和企业特征，寻找促进员工关系和谐的途径与方法。

第一节 员工关系管理范畴

　　一项针对我国企业的"人力资源管理职能实现状况"的调查表明，在人力资源管理部门的时间分配上，有关雇员关系、保健安全、纪律与投诉、遣散与解雇等员工关系管理工作平均花费时间占比为18%，居时间分配上的首位。近几年来，当企业的人力资源管理沉湎于周而复始、永无尽头的员工招聘，热衷于员工薪酬、绩效、培训等体系的改革和创新的时候，来自员工关系的矛盾冲突却汹涌而至。几乎所有的员工关系冲突事件，都可以归因于人力资源管理制度设计的漏洞、流程执行的偏差、重要沟通的缺位以及有关人力资源管理文本的错误等。

　　在外包化已经成为现代人力资源管理重要趋势的今天，也许薪酬体系、绩效体系的设计可以交给外部专业机构去完成，员工招聘和培训也可以实行有效外包化，但员工关系管理是根植于企业自身的、无法置身其外的管理工程。随着企业用工法律环境的巨大变化以及员工法律意识和维权意识的不断增强，员工关系管理已经成为企业人力资源管理的基石和根本性职能。而在未来的日子里，伴随着民主意识和平等意识的进一步增强、集体谈判和群体性申诉力量的日常化，人力资源部门的管理重心将发生颠覆性的变化，员工关系管理必将成为人力资源部门最主要的管理功能和核心职能。换句话说，衡量一名人力资源管理者的专业水平，已经不再是其对薪酬、绩效、培训等管理体系建设的造诣，而在于其人文思想和人本意识、劳动法律修养以及相关法律规制在劳动关系管理之中的融会贯通能力。

一　员工关系的内涵

员工关系的内涵

　　员工关系是组织中由于雇佣行为而产生的关系，是指组织与员工之间的关系，包含了雇主与员工之间全面的互动与沟通、相互利益调整的过程。员工关系又称雇员关系，与劳动关系、劳资关系相近，是指雇主与员工及团体之间产生的，由双方利益引起的，表现为合作、冲突、力量和权利关系的总和，并受到一定社会中经济、技术、政策、法律制度和社会文化背景的影响。在员工关系这一概念中，员工与雇主之间相互作用的行为，既包括了双方因为签订雇佣契约而产生的法律上的权利义务关系，也包括社会层面彼此间的人际、情感甚至道义等关系，亦即双方权利义务不成文的传统、习惯及默契等伦理关系。员工关系强调以员工为主体和出发点的企业内部关系，注重个体层次上的关系和交流，是从人力资源管理角度提出的一个取代劳资关系的概念，注重和谐与合作是这一概念所蕴含的精神。

二　员工关系管理的范畴

　　员工关系管理包含了从员工入职到员工离职的全部过程。换句话说，当外部人员应聘通过任用的程序进入企业之后，也就进入了员工关系的管理范围之内。从广义的员工关系范围来看，员工关系包括员工与组织、员工与管理者、组织与相关政府机构之间的关系。从狭义的企业人力资源管理职能来看，员工关系则包括了整体的企业文化以及人力资源管理系统的建置，如企业文化的塑造、组织与个人愿景、价值观建立、组织结构、业务与管理流程、内部管理制度设计、内部沟通程序、人力资源管理政策制定方向等，所有涉及的组织与员工之间、管理者于员工之间、员工与员工之间的互动关系活动，都属于员工关系的范畴。

员工关系的管理活动也极其广泛，例如工会活动、员工参与、绩效管理、薪酬福利、员工发展、奖惩管理、教育训练、职业辅导、申诉处理等。

三　员工关系管理者的职责

在具体的管理实务上，规模性企业已经将员工关系管理升级为一个与员工招聘、薪酬福利、绩效考核、培训开发等管理模块相并行的独立的管理单元和机构，设置专门的员工关系经理、团队和部门，具体负责员工入职、离职、劳动合同、工会、员工满意度、员工健康、员工档案、劳动争议解决以及与政府、社区等外部关系的管理。劳动关系仍然是员工关系管理的核心内容，而沟通管理是员工关系管理的重要职责之一。保证沟通渠道的畅通和有效，引导公司上下及时的双向交流，发现、分析和解决员工关心的问题，防微杜渐，是建立和谐的员工关系最有力的保障。

第二节　员工关系管理的战略意义

"员工关系"一词源自西方人力资源管理体系。在西方，最初由于劳资矛盾激烈、对抗严重，给企业正常发展带来了不稳定因素。在劳资双方力量博弈中，管理方逐渐认识到缓和劳资冲突、让员工参与企业经营的正面作用。随着管理理论的发展，人们对人性本质认识的不断进步，以及国家劳动法律体系的完善，企业越来越注重改善员工关系，加强内部沟通，协调员工关系。企业员工关系管理具有明显的战略意义，对于有效实施企业战略具有重要的价值。

一　对企业战略实施的影响

战略目标的实施来源于组织整体绩效的实现，而组织氛围与绩效密切相关，人们常说组织氛围与绩效的相关性为70%，尽管这是一个笼统的说法，但大体能够表明人们对组织氛围的向往以及组织氛围对于组织绩效的巨大影响。所谓的组织氛围包含了员工关系中的一些核心内涵，良好的组织氛围就是合作的员工关系，反之则是冲突的员工关系。和谐和愉悦的员工关系可以使员工在心理上获得一种满足感和安全感，有利于提高其工作意愿和积极性，是维系员工的重要因素之一，尤其对于那些不只是为钱而工作的员工而言更是如此。人是战略实施的第一要素，良好的员工关系是企业实现战略目标的根本保障；反之，冲突不断的员工关系将使企业战略实施失去最根本的基础。

二　对企业发展的影响

对企业来说，建立积极正向的员工关系行为可以吸引和留住人才，提高生产力，增加对于企业的组织承诺与认同，提升员工士气和组织效率，等等。和谐的员工关系是上下级之间、平级同事之间、不同部门之间的润滑剂，是激励员工、减轻工作压力的重要方式，有利于员工之间的互动交流、沟通协调，也是培养和加强员工团队意识、合作精神以及塑造良好的企业文化的方法之一。众所周知，相对稳定的核心员工队伍对于企业可持续发展具有深远的战略意义，更加深远的意义在于，当今社会职场中人们拥有更多的职业选择权，对职业人文环境的敏感和偏好将日趋严重，对于职业环境的改善愈来愈缺乏耐心。因此，那些缺乏良好的员工关系和组织氛围的企业将没有未来。

第三节
国内企业员工关系管理的特点

随着《中华人民共和国劳动合同法》（简称《劳动合同法》）、《中华人民共和国劳动争议调解仲裁法》（简称《劳动争议调解仲裁法》）、《中华人民共和国社会保险法》（简称《社会保险法》）等多部劳动法律法规的颁布实施，以及就业市场和人力资源市场的深刻变化，国内企业的员工关系管理已成为企业人力资源管理的核心内容和事关企业用人环境优劣的关键要素。但就员工关系管理本身而言，不同所有制形式和处于不同发展阶段的企业存在较大的差异，呈现出不同的管理特点。总体而言，国有企业的员工关系相对传统而简单，外资企业和民营企业的员工关系更加繁复，其管理职责也更加宽泛。

一　不同所有制企业员工关系管理的特点

1. 国有企业

通常国有企业员工流动性较低，在劳资关系中，"资方"基本缺位，员工归属感强，难以形成对立性矛盾，且企业内部有职工代表大会和实质性的工会组织，员工具有较强的话语权，不容易暴发员工关系冲突。此外，国有企业具有"维稳"的社会职能，执行国家劳动法律和地方法规的刚性极强，对来自员工关系的矛盾敏感度高，管理层也缺乏违法损害员工群体权益的利益驱动。因此，国有企业的员工关系平静而"复杂"，通常没有也尚无必要设立专门的员工关系管理机构，一切遵循国家和政府有关规定执行。

国有企业内部出现的员工关系冲突，多数来源于使用劳务派遣用工方式的员工和劳务关系的员工，这部分"市场化"用工通常面临同工同酬、超时工作、劳动关系解除及补偿等方面的纠纷与冲突。需要说明的是，处于充分竞争行业的国有企业与那些垄断性国有企业相比，其员工关系管理的挑战性更大，由于在用工方式上几乎完全社会化和市场化，其员工关系的管理宽度和深度与非公所有制形式的企业几无差别。

2. 外资企业

外资企业员工关系管理的显著特点是系统、严谨而谨慎。其母体公司在国外具有丰富的员工关系管理经验以及强烈的劳动法律意识，因而进入国内的外商独资和控股企业继承了相关的管理系统和方式，不同的是需要适用国内的劳动法规。企业管理者非常谨慎地处理与员工劳动关系相关的事务，尤其小心翼翼地对待容易引发群体性事件的管理问题。非核心员工劳动关系的外包通常成为他们一致的选择和在人力资源管理上的思维定式，他们需要在当地寻找一家机构伙伴（通常是人力资源服务机构），以帮助他们处理员工关系以及与政府人力资源部门的关系，这是外资企业在国内广泛使用劳务派遣用工方式和人事代理服务的主要原因之一。

员工关系内涵上的高度人性化和商业化，也许是外资企业员工关系管理的另一特点。相对而言，外资企业与员工之间更趋于纯粹的社会雇佣关系和交易关系，在利益博弈中，双方更趋于平等和对价，只有双方互为需要和互相尊重，这种交易关系才能牢固维系。因此，无论在企业文化、制度设计还是日常的员工管理中，外资企业更加重视员工关系的管理和用人环境的优化。

3. 民营企业

民营企业员工关系管理的现状则极其复杂多样，因企业规模、所处行业与地域等差异呈现出巨大的管理差别。总体而言，国内民营企业的员工关系管理正从粗放无序、粗暴简单的方式逐步向规范合法、以人为本的趋势发展。其中，规模性企业优于中小企业，新兴行业优于传统行业。

对于大多数民营企业而言，员工关系管理纳入管理上的议事日程也许"起源"于 2008 年实施的《劳动合同法》。随后，企业劳动纠纷事件频发。

对法规执行上的漏洞和缺陷最有可能出现的情形如下。

①制度工作时间或实际工作时间超过法定时间。

②超时工作的补偿不合法定标准。

③社会保险的法定缴费基数与法定标准不符（法定标准为员工个人全部所得作为社保缴费基数）。

④合同解除和终止缺乏法定证据和依据。

⑤合同解除和终止的经济补偿金和经济赔偿金标准不合规。

案例1-1

员工群众性事件引发的管理危机

W公司是一家国有汽车制造大型企业，其前身为一家国有企业。在企业快速扩张过程中，除少数员工为原企业的正式员工外，大部分为社会招聘员工，用工机制已基本市场化。2015年，公司生产一线工人自发性举行集体罢工，要求增加工资和按法定标准缴纳社会保险，致使工厂停工停产。这一事件为当地首例集体罢工运动，因为事出国有企业而格外引人注目，也引起了政府部门的高度关注。经当地政府出面调停和劳资双方谈判，公司做出妥协让步，事件获得平息。

案例点评：

群体性事件和集体性罢工事件应当被认为是一种发生概率越来越大的管理危机。在传统的就业观念和思想中，如果一名员工或一群员工对公司制度和行为不满，会首先选择离开，寻找新的就业单位，对企业的生产经营尚不产生重大影响。但是随着劳动力市场供需关系的急剧变化以及劳动者就业心态的改变和维权意识的增强，群体性纠纷和集体罢工将可能蔓延。员工自发性有组织的群体性事件将可能成为企业员工关系管理最艰巨的任务和最大的威胁。

二 不同历史发展阶段企业员工关系管理的特点

1. 初创阶段

初创期企业由于成立时间短，人员规模小，生存压力大，几无员工关系管理的概念，甚至没有专门的人力资源部门来处理员工关系管理的问题。尽管如此，这类企业并不是员工关系冲突最明显的"重灾区"，这是因为大多数员工在选择初创企业的开始，已经调整好相关的预期，对于企业暂未严格执行有关法律规定持有宽容和理解的态度，那些企业的核心骨干和追随者甚至认为这是理所当然的，如果有员工在工作时间、加班费、社会保险等问题上对照法律规定的标准，甚至被认为是不道德的。"在加入之前，你已经被告知，你也表示接受和理解，你不能出尔反尔。"绝大多数员工会因此放弃对法定权益的主张，这似乎很"合理"。

2. 成长阶段

成长期企业可能是员工关系紊乱和冲突的"重灾区"。在快速成长的企业里，如果前瞻性和储备性不足，就可能导致人力资源的准备及管理上的不足，这将集中体现在员工关系上的冲突和争议上。通常来说，成长期企业员工流动性较大，新员工比例较高，员工关系缺乏磨合，员工关系管理缺乏系统的制度设计，管理文件的漏洞和缺陷较多，"救火式"的管理情形较为普遍，常常容易导致劳动关系纠纷和冲突事件。在这一阶段，企业需要着手对员工关系管理体系进行系统建设，以主动预防为主，在人事制度设计上应遵循国家有关劳动法规的要求，尤其是对劳动合同文本、工作时间制度、加班工资支付、社会保险覆盖率、劳动合同解除的取证、经济补偿等环节予以高度重视，避免群体性事件的发生。

3. 成熟阶段

企业进入成熟期后，规模逐步扩大，产品与服务具备一定的市场竞争力，市场占有率稳定，内部管理制度化和规范化程度较高，经过初创期、成长期的企业文化培育，已具备一定的文化底蕴，员工队伍相对稳定。在这一阶段，企业更加关注员工的需求，关注人力资源管理环境和员工栖息环境的优化建设，以人为本的管理思想大行其道，企业有更多的资源关怀员工，企业凝聚力进一步增强，在根本上简化了企业员工关系管理。与此同时，企业在发展过程中积累了丰富的员工关系管理经验，制度体系完善，管理机构健全，有效地防范了员工关系冲突事件的发生。然而，值得注意的是，在成熟期企业中，那些享受着高福利、"养尊处优"的员工，并不见得比那些"贫困企业"的员工更有满足感。在同一个工业园区，一部分园区企业的员工，甚至还没有享受包括养老和医疗保险在内的基础社会保险，另一部分企业的员工正在为自己缴纳的社会保险不够（缴费基数不符合法定标准）而进行激烈抗争。

事实上，我们永远不要低估员工关系管理的困难，与人们的需求相比，管理供给总是滞后的，随着员工民主意识的增强和需求边际的拓展，企业员工关系管理仍然面临巨大的挑战。

第四节 员工关系管理的挑战

与传统的人力资源管理不同，随着用人环境的根本性变化和员工职业诉求的多样性发展，员工关系管理面临前所未有的挑战。

一 法律上的"困扰"

企业在执行有关法律行为方面的最大"困扰"是，看上去一些管理行为是大多数企业的共同做法，却存在明显的法律隐患。企业总以为"法不责众"，而纠纷一旦出现，被责罚和失败的总是企业。比如自 1995 年实施的《劳动法》明确规定了延长工作时间、休息日和法定假日加班的工资支付标准，但在很长的一段时间中，不少企业未予执行，这一行为成为劳动纠纷频发的原因。

现行的主要劳动法律《劳动合同法》是一部单向倾斜保护劳动者的法律，与员工相比，企业承担了异乎寻常的责任和义务。在新的法律模式下，企业的告知义务、履行法律程序的义务、解除和终止劳动合同的随附义务等方面的义务大大增加；企业的用工成本也大幅度增加，违法用工、违法辞退劳动者将面临更为严厉的惩罚。

企业在法律上的"困扰"还在于，所有对员工管理的行为必须缜密得近乎苛刻。如果一名员工不能胜任岗位工作，企业不再想雇用他，必须获得证据证明他不胜任，而且务必是事先的制度设计中所描绘和界定的那些情形；这还不够，还需有证据证明这名员工事先被正式告知过这些事先设计好的制度；最后，这些制度必须是经过工会组织或职工代表大会审议通过的。法律规定了精细的管理程序，企业承担了很大的隐性用工成本。

二 中小企业面临的挑战

法律有理由要求企业设置精细和缜密的管理流程，但对中小企业而言，可能还没有独立的人力资源部门，也没有经验丰富的专业员工关系管理者。中小企业面临许多事关企业生存的经营难题和管理困难，事实上，人力资源管理还不是这类企业的管理重心，企业还有更重要和更困难的事情要做。但是员工不会因为所在企业是中小企业而不提要求。因此，中小企业面临的员工关系管理上的挑战不言而喻。中小企业需要切实关注员工关系尤其是劳动关系的管理，学习和借鉴大型企业在员工关系管理上的一些成熟做法，预防和控制劳动关系风险。需要满足的条件如下。

①一份严密完整和讲究细节的员工劳动合同范本。

②一项简单易行却能防范和避免法律风险与漏洞的人力资源管理制度。

③涉及人力资源管理重要行为应书面向员工告知而不是口头。

④强调与员工的沟通，向直线经理输出劳动关系知识。

🎓 课后思考

1. 什么是员工关系？员工关系管理的范畴有哪些？

2. 员工关系管理具有哪些战略意义？

3. 国有企业、外资企业和民营企业的员工关系管理分别有哪些特点？

4. 中小企业员工关系管理面临的挑战有哪些？

第二章

企业文化建设

学习目标

①熟悉企业文化的构成要素和企业文化体系的建设内容。

②了解经理人在企业文化建设中扮演着至关重要的角色。

有关企业文化的定义和内涵的界定可谓众说纷纭，人们似乎很难描述清楚它是什么或它不是什么，它既是人类智慧，又几乎超出人类智慧。然而，人们常常会把"传统""习惯""价值观""理念""氛围"等属性与企业文化联系在一起。因此，模糊和简单地说，企业文化是公司员工共同享有的有特色的价值观、传统和行为，企业文化现象包括传统、习惯、思维方式、行为准则、价值观念、精神境界、作风、道德伦理等。

无论一家公司如何夸耀其所倡导的企业文化，公司外部的观察者往往还是可以从多方面看出这家公司的企业文化"底细"。可以从员工的行为方式中看出来，如沟通方式、思维定式等；也可以通过员工的职业形象看出来，如员工的着装、仪容等；还可以从公司的一些具体事例上看出来，如办公室布置、组织机构、文件制度、内部文书的版面等。深层次地反映公司共同价值观的就是文化象征和行为。如果观察者所观察到的，与这家公司张贴在显著位置的企业文化象征并不一致，那么，这样的价值观并未反映在他们的规章制度以及行为方式上。比如，公司倡导"顾客永远是对的"，但实际发生的情形与此完全相反，或者公司的文化标语为"疾慢如仇"，但是员工的日常行为非常拖沓。这样的差异在不少企业中存在。

第一节　企业文化体系建设

尽管企业文化建设很困难，但是企业仍然需要为此锲而不舍。企业文化建设是一项系统性的体系建设，涉及多个文化要素、层面以及丰富的文化内容。

一　企业文化的构成要素

企业文化的构成包括企业环境、价值观、英雄人物、文化仪式和文化网络等五个要素。

（1）企业环境。它是指企业的性质、企业的经营方向、外部环境、企业的社会形象以及与外界的联系等，往往决定企业的行为。

（2）价值观。它是指企业内成员对某个事件或某种行为好与坏、善与恶、正确与错误、是否值得仿效的一致认识。价值观是企业文化的核心，统一的价值观使企业内成员在判断自己行为时具有统一的标准，并以此来选择自己的行为。

（3）英雄人物。它是指企业文化的核心人物或企业文化的人格化，其作用在于作为一种活的样板，给企业中其他员工提供可供仿效的榜样，对企业文化的形成和强化起着极为重要的作用。

（4）文化仪式。它是指企业内的各种表彰、奖励、聚会以及文娱活动等，可以把企业中发生的某些事情戏剧化和形象化，生动地宣传和体现本企业的价值观，使人们通过这些生动活泼的活动来领会企业文化的内涵，使企业文化"寓教于乐"。

（5）文化网络。它是指非正式的信息传递渠道，主要是传播文化信息，由某种非正式的组织和人群所组成，所传递出的信息往往能反映出职工的愿望和心态。

二 企业文化的构成层面

企业文化的构成可分为三个层面，即精神文化层、制度文化层和物质文化层。三个层面相互作用，共同形成企业文化的全部内容。

（1）精神文化层。企业文化的核心层，包括企业核心价值观、企业精神、企业哲学、企业伦理、企业道德、企业作风、企业信念等。

（2）制度文化层。企业文化的中间层，包括企业的各种规章制度以及这些规章制度所遵行的理念。如人力资源管理理念、营销理念、制造理念、服务理念、质量理念等各种管理理念。

（3）物质文化层。企业文化的外在表现层，包括企业形象、企业标识、厂容厂貌、厂歌厂旗、产品造型与外观等。

三 企业文化体系的建设内容

企业文化体系的建设内容广泛，因企业的传统和习惯不同，有不同的选择和侧重。国内企业的文化体系建设通常主要包括以下内容。

（1）企业哲学。企业哲学也称经营哲学，源于社会人文经济心理学的创新运用，是一个企业特有的从事生产经营和管理活动的方法论原则，是指导企业行为的基础。一个企业在激烈的市场竞争环境中，面临着各种矛盾和多种选择，要求有一个科学的方法论来指导，有一套逻辑思维的程序来决定自己的行为，这就是企业哲学。

（2）企业核心价值观。所谓核心价值观念，是人们基于某种功利性或道义性的追求而对人们（个人、组织）本身的存在、行为和行为结果进行评价的基本观点。人生就是为了价值的追求，价值观念决定着人生追求行为。价值观不是人们在一时一事上的体现，而是在长期实践活动中形成的关于价值的观念体系。企业核心价值观，是指企业员工对企业存在的意义、经营目的、经营宗旨的价值评价和为之追求的整体化、个异化的群体意识，是企业全体职工共同的价值准则。企业核心价值观决定着企业员工行为的取向，关系企业的生死存亡。

（3）企业精神。企业精神是指企业基于自身特定的性质、任务、宗旨、时代要求和发展方向，并经过精心培养而形成的企业成员群体的精神风貌。企业精神要通过企业全体员工有意识的实践活动体现出来。因此，它又是企业员工观念意识和进取心理的外化。企业精神是企业文化的核心，在整个企业文化中占据着支配地位，它以价值观念为基础，以价值目标为动力，对企业经营哲学、管理制度、道德风尚、团体意识和企业形象起着决定性的作用。因而，企业精神是企业的灵魂。

企业精神通常用一些既富有哲理又简洁明快的语言予以表达，便于企业员工铭记在心，时刻激励自己；也便于对外宣传，容易在人们脑海里形成印象，从而在社会上形成个性鲜明的企业形象。

（4）企业伦理。企业伦理即企业道德，是指调整本企业与其他企业之间、企业与客户之间、企业内部员工之间关系的行为规范的总和。它是从伦理关系的角度，以善与恶、公与私、荣与辱、诚实与虚伪等道德范畴为标准来评价和规范企业。企业伦理与法律规范和制度规范不同，不具有那样的强制性和约束力，但具有积极的示范效应和强烈的感染力，当被人们认可和接受后具有自我约束的力量。因此，它具有更广泛的适应性，是约束企业和员工行为的重要手段。

（5）企业使命。所谓企业使命是指企业在社会经济发展中所应担当的角色和责任，是企业的根本性质和存在的理由，显示企业的经营领域、经营思想，也是企业目标确立与战略制定的主要依据。企业使命要说明企业在全社会经济领域中所经营的活动范围和层次，具体地表述企业在社会经济活动中的身份或角色。

（6）企业作风。所谓企业作风是指一个企业在长期的生产经营等实践活动中形成的一种风气，是企业内在素质的外在表现，是企业在各种活动中所表现出来的一贯态度和稳定的行为风格，是全体员工在企业发展过程中长期积累并形成的精神风貌。企业作风是企业的一种氛围、风气和习惯，它影响着企业的发展方向、经营行为。

（7）企业信条。企业信条即企业所信奉的人格行为准则，是企业伦理道德的集中体现。企业哲学解决的是最根本的是与非，而企业信条是在企业哲学的制约下形成的企业道德以及员工人格行为准则。

（8）企业制度。企业制度是在生产经营实践活动中所形成的，对人的行为带有强制性，并能保障一定权利的各种规定。从企业文化的层次结构看，企业制度属中间层次，是精神文化的表现形式，是物质文化实现的保证。企业制度作为员工行为规范的模式，使个人的活动得以合理进行，内外人际关系得以协调，员工的共同利益受到保护，从而使企业有序地组织起来，为实现企业目标而努力。

（9）企业形象。企业形象是企业通过外部特征和经营能力表现出来的，被消费者和公众所认同的企业总体印象。由外部特征表现出来的企业的形象称表层形象，如厂容厂貌、徽标、产品外形、广告、商标、服饰等，这些都给人以直观的感觉，容易形成印象；通过经营能力表现出来的形象称深层形象，它是企业内部要素的集中体现，如人员素质、生产经营能力、管理水平、资本实力、产品质量等。表层形象以深层形象为基础，没有深层形象这个基础，表层形象就是虚假的，也不能长久地保持。

企业形象还包括企业形象的视觉识别系统，比如 VIS 系统，是企业对外宣传的视觉标识，是社会对这个企业的视觉认知的导入渠道之一。

四　经理人在企业文化建设中的作用

除企业创始人以外，经理人在企业文化建设中也扮演着很重要的角色。在日常经营管理活动中，经理人的言行及其组织的相关内部活动，对于企业文化的传播发挥着重要的作用。在规模性企业中，企业创始人距离员工较远，对员工的直接影响也相对较小，而各级经理人在日常管理过程中的意识、行为和习惯直接影响着员工的价值观念、行为方式、道德水准等。

经理人所要做的，不仅仅是反复宣传公司的文化标语和口号，而是身体力行，对本企业的文化内涵遵守和认同。当然，经理人还需要做的是，利用他的职权在企业各种内部活动和其他公开的活动中，强化企业文化的影响，引导和监督员工形成与企业文化一脉相承的群体意识、共同的行为习惯和价值观念。经理人利用自己的职权在企业文化体系建设中能够做的事情如下。

（1）明确期望。明确期望下属应当遵循什么样的价值观和道德观，应当具有什么样的作风和精神，应当遵守何种行为准则，等等。这些期望可以通过印制书面资料和张贴书面宣传资料的方式来表达，也可以在不同的管理场合强调。

（2）利用符号与标志。符号与标志是人的直观感觉，容易识别与记忆，让员工工作和生活在这样一些符号与标志当中，耳濡目染，潜移默化，逐渐接受这些文化象征。

（3）利用故事。故事可以用来说明公司的价值观，包括创始人的创业故事和模范人物的工作故事以及管理故事等。

（4）组织仪式和庆典。包括节日庆典、管理年会、表彰会议、升旗仪式、述职演讲、文娱活动、竞赛活动等。

（5）企业内刊。企业内刊是企业文化传播的阵地，具有企业文化传播、管理活动再现、先进事迹宣传、事件评价、心得体会反映、战略思想剖析以及其他管理信息、文化信息传递的功能。

第二节 企业内刊与企业年会

企业内刊

一 企业内刊

规模性企业使用企业内刊已经越来越广泛，它既是一种文化形象，也是一种企业文化形式。企业内刊即一个企业的内部刊物，是不具有正式刊号的内部交流刊物，通常为报纸、杂志等形式，有周报、月刊、半月刊、双月刊等。一些企业的内刊侧重于对外宣传，但大部分企业主要用于对内教化和信息交流，其主要宗旨为服务于企业文化建设。

1. 企业内刊的功能

企业内刊的功能显而易见。内刊是企业文化的载体，是企业文化的外化表现形式，也是企业信息上传下达的沟通渠道和舆论宣传阵地。

企业内刊在不同时期具有不同的功能和表现。企业文化是长期提炼的结果，这个结果的形成也是企业内刊长期有计划、有阶段、有层次服务的结果。在企业文化形成初期，企业内刊的功能是引导和强化企业文化理念，使员工对这些文化理念的概念和意识有一定了解；在企业文化发展阶段，企业内刊的主要目的是贯彻、落实和巩固这些文化理念，并使企业文化不断完善和持续改进。

此外，企业内刊具有实际的记录功能，即记录企业的活动、思考、交流和成长，记录企业发展的轨迹和思想传承的轨迹，反映出企业在不同历史发展阶段的经营管理现状和思想现状，是记录企业历史的文献和史料，对于回顾总结、借鉴经验、思考未来以及文化理念和形式的传承具有重要意义。企业内刊客观上承担了记载企业历史的角色，在宣传报道的同时，也完成了对企业历史档案的记录。一部完整的企业内刊资料，便是一部齐全的企业发展的历史档案，是企业奋进、崛起、战胜困难的生动见证，也是企业精神代代相传，并不断沉淀的缩影。企业内刊既是企业历史最原始的书面资料，又是提炼企业文化的宝库。

2. 企业内刊的作用

（1）传播企业理念。企业内刊是企业实现对内对外沟通的有效手段，在企业内刊的采编过程中，通过访谈、挖掘、深化，员工对企业核心理念充分认识，内心情感得到反映。在企业内刊的传播过程中，社会形象和员工风采得到充分展示，从而增强了员工的自信心和对企业的自豪感与责任感，优化了企业发展环境。企业内刊旗帜鲜明地唱响企业追求什么、倡导什么、反对什么的主旋律，使企业理念内化于心，外化于行，形成企业员工的群体性意识，在员工中发挥舆论导向的作用。

（2）服务企业管理。企业内刊可以充分发挥宣传阵地和企业喉舌的功能，及时将企业的战略目标和思考传递给广大员工，有利于营造氛围和贯彻落实。根据管理的需要，内刊可以围绕特定的管理专题，精心组织版面和文章内容，有针对性地开展宣传报道，多方面调动一切有利因素和积极力量，发挥整体协同效应，以提高组织的执行力。

（3）弘扬模范人物。先进典型、模范人物是企业先进文化外化于行的生动体现，企业内刊可以精心设计采访、深入基层进行调查研究，扩大先进典型宣传的覆盖面，以优秀典型的示范作用和精神力量教育、引导和鼓舞员工，以沉淀企业的精神力量。

二 企业年会

企业年会是企业文化的重要表现形式之一，通常为企业财务年度末期或新的财务年度初期举行的一种全体员工大会，以临近春节前举行最为常见。其内容常常包括公司最高管理层关于年度经营管理总结报告、新年度经营管理目标和计划的发布与动员，先进表彰，文娱联谊，员工抽奖，公司聚餐，等等。因企业规模、行业特点和传统习惯不同，年会形式各有差异。

企业年会既具有增进员工对公司的感情、营造积极向上的组织气氛、奖励先进和展示优秀员工事迹、鼓舞员工士气、增进目标认同感、为新年度工作奏响序曲的管理意义，也有全体员工欢聚一堂、共度传统佳节的喜庆效果。

企业年会需要系统的策划和组织，具有一定的专业性。策划与组织的内容包括时间与地点选择、人员组织与安排、会议流程、节目策划、节目编排、亮点策划、主持人选择以及聚餐安排等，内容广泛而具体。因此，规模性企业常常邀请专业策划机构进行策划与组织，也有些企业在充分继承自身经验积累的基础上，借鉴外部成功案例，自行创作，表现出员工参与度高、企业特色鲜明的特点，呈现出令人惊喜的效果。

随着互联网技术的迅猛发展，企业年会形式的创新空间巨大，表现形式可能发生颠覆性的变化，年会内涵也将进一步外延，员工的广泛参与度将进一步提高，但其核心内容属性仍是管理性、喜庆性和娱乐性。将来某一天，企业员工在家里或者旅途中，与家人一起身临其境般地参加虚拟的企业年会，也许一点都不奇怪。

🎓 课后思考

1. 企业文化的构成要素有哪些？
2. 国内企业的文化体系建设包括哪些内容？
3. 什么是企业内刊？企业内刊具有哪些作用？

第三章

员工入职管理

①了解员工入职的流程的法律意义及入职管理的内容和步骤。

②明了在新员工入职阶段，企业对其个人信息进行验证审查，就有关职业工作事项进行告知，是企业的法定权利和义务。

　　"员工入职"是一个笼统的概念，通常是指新员工第一天报到进入企业工作，但并不意味着上岗或者办理入职手续和签订劳动合同。员工自入职开始，即进入员工关系管理的范畴，也意味着劳动关系的开始。在入职阶段，用人单位（也称用工单位）需要完成许多工作，包括对员工的入职培训、为员工办理录用手续以及与员工签订劳动合同等，其中部分工作具有实际的"法定"性质，而非只是企业自行规定的内部流程。

　　在员工正式入职之前，规范性企业通常以书面或电子邮件的方式，给拟录员工发一份员工录用通知书（offer），就有关具体职务名称、职位职责内容、入职时间、体检内容、试用期期限、薪酬福利标准以及报到入职需要携带的个人资料等信息进行确认。部分企业可能只给拟录用的管理层员工发送预录通知书，而非针对所有的拟录员工。

　　企业录用员工使用预录通知书的方式，具有正式和理性的意义。通过函件就有关信息和约定以书面的形式确定下来，一是显得对双方而言都郑重其事；二是避免因为职业信息不清而在未来产生争议；三是交流确认双方的意向、承诺和实际入职时间，以使双方做出相应准备。一名准备选择新工作的劳动者也许同时收到了来自多个企业的预录通知书，这方便他根据书面录取文件的信息做出理性的判断和选择。

员工入职流程

第一节　员工入职流程

一　员工入职流程的法律意义

　　员工入职流程具有法律意义，是确立企业与员工之间法律关系的重要窗口，也是履行法律义务与责任的重要节点。新员工入职，无论双方是否签订了劳动合同，都已建立了事实上的劳动关系，除此之外，用人单位还应当依法履行告知义务，并行使录用审查的责任。《劳动合同法》规定："用人单位招用劳动者时，应当如实告知劳动者工作内容、工作条件、工作地点、职业危害、安全生产状况、劳动报酬，以及劳动者要求了解的其他情况；用人单位有权了解劳动者与劳动合同直接相关的基本情况，劳动者应当如实说明。"

　　用人单位在履行上述法定义务和责任的时候，无论员工是否提出要求都应主动告知，并依照内部程序完成录用审查，同时以书面的形式保存告知和审查行为的证据，这些都构成了员工入职流程的法律性。

二　员工入职流程介绍

　　企业员工入职流程没有统一的模式，但通常都包含入职准备、入职报到、入职手续办理、入职培训等内容和步骤。

1. 入职准备

完美的开始是吸引和维系员工不可忽视的重要因素。人力资源部门准备充分的入职前工作，体现了公司管理的规范程度和对新员工的尊重，给新员工留下良好的第一印象。入职准备是指企业在新员工即将入职所做的各项准备工作，通常包括向新员工发送《录用通知书》，预先安排办公位，准备入职手续办理所需资料表单，申领电脑、电话设备，调试电脑设备，等等。这些准备一般由人力资源部门和用人部门协调完成。

2. 入职报到

入职报到是指新员工在约定的时间到公司人力资源部门报到的程序，主要内容包括引领新员工填写有关表单、发放有关资料手册、交验有关证件、介绍公司情况、参观公司等。新员工报到应安排专人负责，像对待客户一样热情周到，在约定的时间守候新员工的到来，切忌新员工到达后无人接待，影响员工的初次感受。如果是员工批量入职报到，应做好更加系统而细致的准备，包括等候区、会场、新员工欢迎会、公司宣传视频资料、公司领导见面等内容。

3. 入职手续办理

入职手续办理即指按照公司员工入职流程和清单办理有关手续的过程，通常由人力资源部人员将新员工引导至用人部门进行办理。主要内容包括将新员工介绍给用人部门负责人或人事专员，安置座位并帮助熟悉工作环境，帮助新员工缓解第一天的紧张不安，解释一些基本事项如工作时间、休假和组织机构，引领新员工领取办公用品，向新员工介绍管理层和同事，与员工签订劳动合同、保密协议、职位说明书，等等。需要说明的是，员工劳动合同的签订可由用人部门完成，也可由人力资源部门负责，通常在报到的第一天事情头绪较多，不一定立即签订员工劳动合同，在一个月内的任何时间签订都是合法的。事实上，更多的企业会选择由用人部门在后续规定的时间内完成合同签订，并将合同文本交人力资源部审定、签署、盖章和存档，其中一份交付给员工本人。

在入职手续办理过程中的入职引导具有重要的意义。细致周到的引导能够让新员工感受到被欢迎，并且愿意成为团队的一员，使他们在更广泛的意义上了解组织以及相关程序，明白组织的期望，开始学会按照公司的方式做事。

4. 入职培训

入职培训是指新员工在正式上岗之前进行的内部培训。企业因规模、行业和习惯不同有迥异的培训方式，在同一企业内，针对不同的岗位也有不同的培训形式、内容和时间期限。培训内容一般包括公司基本情况、发展历程、企业文化、公司制度、公司组织结构、各部门职能与关系以及军训、专业技能等。

大型企业一般有专门的培训机构和培训场所，新员工数量较多，方便分期集中安排，食宿训一体，封闭性进行，培训时间也较长。中型企业由人力资源部门组织，按照事先制订的培训计划在企业内部进行，也可能选择外部培训机构按照计划要求进行封闭培训。规模较小的企业则一般由人力资源部门组织一对一或一对多的入职培训，内容也较简单。不同的岗位人员受训的内容和时间相距甚大，如营销、售后、生产、质量、技术等岗位人员除了进行军训、历史、制度、文化等层面的通用培训以外，还需进行产品和技术层面的系统培训，往往需要的时间较长，小则一个月，多则半年，为新员工上岗后能够顺利工作和完成业绩提供知识和技能的准备。培训过程中，经企业组织的结业考核和测试，对于考试考核不合格者可予以淘汰。

 专 栏 ....

××股份有限公司新员工入职流程

一、新员工入职准备

（1）人力资源部向拟录用者发送《录用通知书》。

（2）确认新员工报到日期，通知新员工在报到之前来公司需要注意的事项：所需资料、体检以及其他须知。

（3）通知人事专员新员工报到日期，人事专员准备好新员工入职手续办理所需表单，并负责依据《新员工入职通知单》内容落实各项工作。

①用人部门负责安排办公位，申领电脑、电话设备。

②IT部负责开通邮箱、账号，调试电脑设备。

二、新员工入职报到

（1）新员工填写《员工信息登记表》。

（2）向新员工发放《新员工入职须知》。

（3）向新员工发放介绍公司情况及管理制度的《员工手册》《制度汇编》，使其具备基本工作知识，要求其通过公司内部网络了解进一步情况。

（4）新员工交验以下各种证件：一英寸免冠照片3张；身份证或户口簿原件和复印件；学历、学位证书原件及复印件（学生提供学生证原件）；资历或资格证件原件及复印件；与原单位解除或终止劳动合同的证明；体检合格证明。

（5）建立员工档案、考勤卡。

（6）介绍公司情况，引领新员工参观公司。

（7）OA网上发布加盟信息并更新员工通讯录。

三、新员工入职手续办理

（1）带新员工到用人部门，介绍给部门经理。

（2）用人部门安置座位，并帮助熟悉工作环境。

（3）引领新员工领取办公用品。

（4）向新员工介绍管理层，介绍同事。

（5）确定专人作为新员工辅导员，介绍岗位职责和工作流程。

（6）将新员工的情况通过E-mail和公司内部刊物向全公司公告。

（7）与员工签订劳动合同、保密协议、职位说明书等书面文件。

四、入职培训

（1）人力资源部负责组织新员工培训。

（2）用人部门负责有关专业技术培训。

（3）不定期举行由公司管理层进行的企业发展历程、企业文化、各部门职能与关系等方面的培训。

附录

新员工入职须知

首先，欢迎您加入本公司，为了能让您有一个更好的工作环境，使您的工作更加轻松愉快，请您仔细阅读本公司有关规定。

（1）新入职的员工必须完整地填写好员工信息表，保证向公司提交的所有证件及资料等真实有效，否则公司可随时解除劳动关系，并追究相关经济法律责任。

（2）公司每天上下班的时间为上午9：00—12：00，下午1：00—6：00。

（3）员工每天打卡时间为上班前和下班之后，严格遵守打卡秩序，并不得替人打卡，违者每人处罚100元。

（4）员工每天必须佩戴员工证上班，违者每次处罚10元。

（5）新入职员工办理相关手续后，到财务处交纳10元钱的IC卡押金，凭收据日后可全额退取；此IC卡可作考勤卡和饭卡双重使用，员工必须对其充值方可刷卡就餐，充值金额一般为100元以上。公司为员工提供福利餐，早餐为2元/餐，中、晚餐为各5元/餐；就餐时应该严格遵守公司相关规定，员工必须自带用餐餐具。

（6）新入职员工必须严格服从上司的工作安排。如有特殊情况需要离岗，必须向所在部门主管申请并批准，未经批准按擅自离岗处理。

（7）凡已入职的员工，在7天观察期过后，试用期内辞职的必须提前3天提交书面辞职申请报告，转正后员工辞职必须提前1个月提交辞职报告，同时办理相关工作交接手续，否则，公司不予结算当月工资。

（8）社会保险和公积金有关事项。

①基本养老保险。

• 已在本市办理过基本养老保险的员工，请务必确保养老保险连续缴纳，若有间断，请将补齐后的《养老保险变动通知单》交给公司人力资源部；

• 已在本省其他地区或外省地区办理过基本养老保险的员工，请将账号信息提供给原单位，在原单位办理转出，并向公司提供《养老保险转移单》和《养老保险个人缴费明细》原件一份。

②住房公积金。

已在本市开立住房公积金账户的员工，请速将公司的账号信息提供给原单位，办理住房公积金转出，转入公司后，方能正常办理住房公积金缴存，否则您的公积金缴存、贷款和支取等所有业务将无法办理。

（9）新入职的员工对公司的管理等各方面如有需要了解的，可以咨询直接上司或人力资源部。

再次欢迎您成为本公司的一员，希望有了您的加入，公司的明天将更加辉煌！

公司人力资源部

年　月　日

对以上《新员工入职须知》本人已清晰了解并同意，本人一定会严格遵守公司的相关管理制度。

新员工签名确认：

年　月　日

第二节　员工入职审查与告知

如前所述，在新员工入职阶段，企业对其个人信息进行验证审查，就有关职业工作事项进行告知，是企业的法定权利和义务。

一　入职审查与告知的权利和义务

1. 告知义务和审查权利

企业与劳动者签订劳动合同时，拥有以下义务和权利。

（1）对本企业与劳动合同直接相关的基本情况具有告知义务。企业在与劳动者签订劳动合同时，应当依法告知劳动者与岗位有关的内容，如劳动者的工作内容、工作条件、工作地点、职业危害、安全生产状况、劳动报酬，以及劳动者要求了解的其他情况等。即使劳动者不提出要求也得主动告知，同时，还应积极采取书面方式保存告知行为的证据。

（2）对劳动者与劳动合同直接相关的基本情况具有知情和审查的权利。企业对劳动者也有知情权，即有权了解劳动者与劳动合同直接相关的基本情况，如劳动者的年龄、性别、学历、专业技术、工作经历、健康状况等。企业有权要求劳动者提供有关的书面证明材料，并予以保留、掌握和管理。相对而言，企业的告知内容比较广泛，基本上涵盖了劳动关系的全部内容，而劳动者的告知义务相对较少，只限于与劳动合同直接相关的基本情况。实践中不外乎劳动者年龄、家庭住址、教育背景、学历、工作经历、是否与前单位解除合同等，而对于与劳动合同没有直接关系的情况，劳动者有权不予回答。

2. 告知和审查的法律风险

企业未履行入职告知义务和不注重入职审查都将给企业自身带来很大的风险。

（1）企业未履行告知义务的法律风险。企业对新员工主动告知是法定的义务。不履行这一法定义务，将影响到劳动合同的效力。隐瞒真实情况，诱使对方做出错误的判断而签订劳动合同，可以认定为欺诈。对劳动者知情权的轻视，还可能给企业带来很大的法律风险，甚至需要承担严重的法律责任。例如不向劳动者告知职业危害真实情况，《中华人民共和国职业病防治法》（简称《职业病防治法》）规定要对用人单位处以 5 万～10 万元的罚款。

（2）企业未严格进行入职审查的法律风险。企业入职过程简单化、形式化，不注重入职审查，将对企业用工带来很大风险。企业如果在办理新员工入职时，对新员工的身份、学历、职业资格、工作经历等核查不清，而新员工有弄虚作假的情形，会导致其无法胜任工作、耗费工资福利待遇、浪费管理成本、劳动合同无效等严重后果。最直接的法律风险：一是不进行入职审查，劳动者以欺诈手段入职的，可导致劳动合同无效。《劳动合同法》规定，以欺诈、胁迫的手段或者乘人之危，使对方在违背真实意思的情况下订立的劳动合同无效或者部分无效。二是录用与其他企业尚未解除或者终止劳动合同的劳动者，给其他企业造成损失的，应当承担连带赔偿责任。《劳动合同法》规定："用人单位招用与其他用人单位尚未解除或者终止劳动合同的劳动者，给其他用人单位造成损失的，应当承担连带赔偿责任。"

与此同时，劳动者如果投诉企业未履行入职告知义务，或者由于企业入职审查不严以欺诈为由解除劳动者的劳动合同，都负有举证的责任。

三　入职审查和告知的举证

1. 告知义务举证

在实际操作中，从举证角度考虑，用人单位应当以书面形式告知劳动者，并保留相关证据，具体可采取以下告知措施。

（1）在员工入职登记表中声明。在员工入职登记表中设计有关栏目，要求员工在公司告知情况后声明：公司已经告知本人工作内容、工作条件、工作地点、职业危害、安全生产状况、劳动报酬及其他需要告知的情况，签名确认。

（2）在劳动合同中设计告知条款。比如在劳动合同关于甲乙双方基本情况中，可以写明具体条款："甲方应将有关乙方工作内容、工作条件、工作地点、职业危害、安全生产状况、劳动报酬，以及乙方要求了解的其他情况，向乙方提供书面说明或向乙方口头告知。乙方在本合同书上签字或盖章，视同已接受甲方告知的上述情况。"合同条款写明公司已告知员工本人，可以防止因知情权而带来的法律风险。

（3）要求劳动者提供书面声明。在书面告知或口头告知后，由劳动者在声明条款中签字认可，并保留作为证据。

2. 入职审查举证

员工的欺诈手段，基本反映在提供虚假资料上，如假文凭、假证件、假经历等。因此，企业应当建立行之有效的入职审查制度，并且适当运用知情权的法律规定。

（1）设计应聘申请表作为证据。在员工个人信息栏内，设计专门栏目载明"本人承诺上述表中所填个人资料均真实可靠，愿接受公司对表内资料核实，如有虚假，本人承担所有责任"等内容，一是对员工填写不真实个人信息有明显的警示作用，二是保留了责任承担的证据。

（2）设置员工入职登记表作为证据。表格中列明劳动者与签订劳动合同有关的各个项目，要求应聘人员如实填写，不得欺骗，在员工签字栏中载明"承诺"或"声明"，如"表内个人信息如有虚假，公司将予以解雇，且不给予任何经济补偿"等。公司可将员工入职登记表作为劳动合同的附件，妥善管理和保存，一旦发现员工有欺诈行为，就可以作为证据做出处理，员工有关信息与事实不符的，就是最直接有效的证据。

（3）公司制度规定作为证据。公司人力资源管理有关制度以及《员工手册》明确对于员工欺诈的处理规定，如"员工以欺骗手段虚报专业资格或其他各项履历，公司将予以解雇，且不给予任何经济补偿"。

（4）要求劳动者提供相关个人资料留作证据。比如身份、学历、资格、工作经历等信息是否真实；是否存有潜在疾病、残疾、职业病等；应聘人员是否年满18周岁，或是否为退休享受养老保险待遇的人员；是否与其他单位签订有未到期的劳动合同；是否与其他单位存在竞业限制协议；如果招用外国人，是否办理外国人就业手续。在录用有从业经历的员工时，应该要求其提供与前单位解除或终止劳动合同的书面证明，并保留原件。如尚未解除劳动合同的，要求其原单位出具同意该员工入职的书面证明。同时，还应该要求有从业经历的员工承诺并未承担相关竞业限制义务，并向原单位进行核实，以免发生不可预测的诉讼风险。

（5）在劳动合同中设计条款作为备用证据。为了规避入职审查不严带来的法律风险，可以在劳动合同中载明："乙方应当按照甲方要求提供可验证的居民身份证或其他有效身份证、学历证书、职业资格证书的复印件，以及最后服务单位的离职证明、婚姻生育证明、甲方指定医院的体检证明等相关资料，并将有关与本劳动合同直接相关的基本情况，按甲方提供的应聘申请表、员工入职登记表，由本人如实填明并作为劳动合同的附件。"这就将提供合法身份证件和其他证件的责任，约定由员工承担，一旦事后出现问题，还可以采取措施进行补救，不但可以减少损失，还可以动用法律武器制裁欺诈者。

（6）建立职工名册并保留作为证据。《劳动合同法》规定："用人单位自用工之日起即与劳动者建立劳动关系。用人单位应当建立职工名册备查。"由此可见，建立职工名册是用人单位的法定义务。《中华人民共和国劳动合同法实施条例》（简称《劳动合同法实施条例》）第八条对职工名册应当包括的内容做了具体规定："劳动合同法第七条规定的职工名册，应当包括劳动者姓名、性别、公民身份号码、户籍地址及现住址、联系方式、用工形式、用工起始时间、劳动合同期限等内容。"企业未建立职工名册，或者已建立职工名册却没有规定的项目和内容，是要承担不利法律后果的，甚至要受到行政处罚。

职工名册证据实际上对用人单位和劳动者双方都具有重要作用。对那些不辞而别的职工，职工名册就是用人单位向其追索赔偿的重要证据；而从职工方面来说，职工名册是用人单位和其存在劳动关系的最好证明。当然，对劳动行政部门执法检查者来说，职工名册是首先必须检查的资料。

案例3-1 ↘

A公司与员工的劳动合同纠纷

【裁判摘要】用人单位在招聘时对应聘者学历有明确要求，而应聘者提供虚假学历证明并与用人单位签订劳动合同的，属于《劳动合同法》规定的以欺诈手段订立劳动合同应属无效的情形，用人单位可以根据《劳动合同法》规定解除该劳动合同。

原告A公司因与被告唐先生发生劳动合同纠纷，向上海市嘉定区人民法院提起诉讼。

原告A公司诉称：被告唐先生于2012年3月以提供虚假学历证书和采用虚假陈述的欺诈方式，使原告公司在违背真实意思的情况下与其签订了劳动合同。此后，在原告每次要求员工更新人事资料时，被告均以欺骗方式填写了虚假信息。公司接到相关举报后查证了上述事实。鉴于此，原告与被告解除了劳动合同。2020年7月和8月，被告、原告先后向上海市嘉定区劳动争议仲裁委员会（以下简称嘉定区劳仲委）提起仲裁，同年9月17日嘉定区劳仲委做出裁决，该裁决部分内容不符合法律与事实。被告以欺诈的方式与原告签订劳动合同导致合同无效，且存在严重违反公司规章制度的行为，故原告的行为属于合法解除，不应支付被告违法解除劳动合同赔偿金。

被告唐先生辩称，虽然被告进入原告A公司时提供了虚假的学历证明，但2018年时原告公司已经知晓实情并对被告做出了处理，且2018年12月原告又与被告续签了劳动合同，足以证明原告考虑到被告的业务能力较强故不予计较其学历造假一事。故2020年6月原告又以被告学历造假为由与其解除劳动合同系违反法律的行为，应支付被告违法解除劳动合同赔偿金。另，由于原告以无锡市最低缴费基数为被告缴纳城镇社会保险违反了法律规定，故要求原告以被告的实际收入为缴费基数为其补缴2018年7月至2020年7月无锡市城镇社会保险的差额。

本案一审的争议焦点：被告唐先生在入职时向原告A公司提交虚假学历证明的行为，是否构成该公司合法解除劳动合同的理由之一。

上海市嘉定区人民法院一审认为：欺诈的认定标准之一为相对方是否知晓真实情况。2018年12月，该公司知晓被告唐先生提供虚假学历的情况下，仍然做出与其续签劳动合同的决定，故A公司主张唐先生欺诈的理由不能成立，A公司与其解除劳动合同系违法解除。

据此，上海市嘉定区人民法院于2021年3月21日判决：原告公司应于本判决生效之日起十日内支付被告唐先生违法解除劳动合同赔偿金人民币181866元、2019年第四季度奖金（提成）差额人民币20493.89元、2020年第一季度奖金（提成）人民币1198.40元、2020年第二季度奖金（提成）人民币32213元，上述四项合计人民币235771.29元。

　　该公司不服一审判决，向上海市第二中级人民法院提起上诉，并向二审提供了被上诉人唐先生于2022年入职时所写的个人自传，称其毕业于B学院材料工程系，旨在证明唐先生入职时就学历情况进行了虚假表述，同时还提供了公司人事资料卡两份，填写人为被上诉人唐先生。其中"教育程度"一栏均填写为毕业于B学院，旨在证明唐先生就学历情况欺骗公司。

　　上海市第二中级人民法院经二审，确认了一审查明的事实。另查明，上诉人A公司《员工手册》第三十四条规定："员工有下列任一严重违反公司规章制度情况的，公司将予以解雇，且不给予任何经济补偿：（1）……；（2）以欺骗手段虚报专业资格或其他各项履历……"

　　本案二审争议的焦点：上诉人A公司解除与被上诉人唐先生的劳动合同是否合法，A公司应否支付唐先生违法解除合同赔偿金。

　　上海市第二中级人民法院二审认为：被上诉人唐先生在入职时提供虚假学历并进行虚假表述的行为显然已经构成了欺诈。综合双方当事人举证情况分析，可认定唐先生对其入职时提供虚假学历一事一直采取隐瞒的态度，唐先生亦无证据证明其提供虚假学历之行为已为A公司知悉并已获得了谅解，故唐先生在2018年12月续签劳动合同时仍然构成欺诈，《劳动合同法》第二十六条、第三十九条明确规定，以欺诈的手段使对方在违背真实意思的情况下订立的劳动合同是无效的，用人单位可以据此解除劳动合同。故A公司与唐先生解除劳动合同有法律依据，不应支付违法解除劳动合同赔偿金。此外，我国劳动法律在充分保护劳动者合法权利的同时亦依法保护用人单位正当的用工管理权。用人单位通过企业规章制度对劳动者进行必要的约束是其依法进行管理的重要手段。A公司《员工手册》第三十四条规定，员工以欺骗手段虚报专业资格或其他各项履历，公司将予以解雇，且不给予任何经济补偿。审理时，唐先生对该《员工手册》的真实性并无异议。唐先生提供虚假学历之行为亦系A公司规章制度严令禁止，A公司依据企业的规章制度与唐先生解除劳动合同，系其依法行使管理权的体现，亦无不可。而且，唐先生于2017年签署有《任职承诺书》一份，内容为："本人作为A公司之员工，特作如下承诺：……本人以往提供给公司的个人材料均是真实有效的，如有做假，愿意无条件被解除合同……"此承诺书是唐先生与A公司基于诚信原则的约定，唐先生对于违反约定义务的法律结果应是清楚的。双方的约定未违反法律规定，是合法有效的。故从该承诺的角度出发，A公司在查知唐先生伪造学历后，基于承诺而解除合同亦是有依据的。一审法院关于A公司解除与唐先生的劳动合同不合法、A公司应支付唐先生违法解除合同赔偿金的认定不当，应予以纠正。

　　据此，上海市第二中级人民法院于2021年7月25日判决：上诉人A公司要求不支付被上诉人唐先生违法解除劳动合同赔偿金的请求予以支持。本判决为终审判决。

案例来源：最高人民法院公报，有删改。

案例点评：

　　本案A公司之所以最终二审胜诉，在于其举证的优势，这些具有证据力的举证如下。

（1）唐先生入职时的个人自传和人事资料卡均证明其就学历情况欺骗公司。

（2）A公司《员工手册》第三十四条规定："员工有下列任一严重违反公司规章制度情况的，公司将予以解雇，且不给予任何经济补偿：（1）……；（2）以欺骗手段虚报专业资格或其他各项履历……"唐先生对该《员工手册》的真实性并无异议。

（3）唐先生于2017年签署有《任职承诺书》一份，内容为："本人作为A公司之员工，特作如下承诺：……本人以往提供给公司的个人材料均是真实有效的，如有做假，愿意无条件被解除合同……"此任职承诺书是唐先生与A公司基于诚信原则的约定，唐先生对于违反约定义务的法律结果应是清楚的。

上述举证显示出A公司在员工关系范畴管理方面的成熟性和有效性，并成为本案胜诉的决定性因素。

三　入职审查的禁止行为

现实中有一些企业为了控制有关管理风险和经济损失，防止核心技术人员和骨干人员向外流动，在新员工办理入职手续时，要求全部或部分员工（如财务人员、销售人员）提供担保，收取或变相收取风险抵押金，针对不同的岗位（如核心技术人员），扣押员工资格证书及其他有关证件。这些管理行为是法律禁止的行为，将面临不可避免的法律风险。

《劳动合同法》规定："用人单位招用劳动者，不得扣押劳动者的居民身份证和其他证件，不得要求劳动者提供担保或者以其他名义向劳动者收取财物。"《劳动合同法》还规定："用人单位违反本法规定，扣押劳动者居民身份证等证件的，由劳动行政部门责令限期退还劳动者本人，并依照有关法律规定给予处罚。用人单位违反本法规定，以担保或者其他名义向劳动者收取财物的，由劳动行政部门责令限期退还劳动者本人，并以罚款每人五百元以上二千元以下的标准处以罚款；给劳动者造成损害的，应当承担赔偿责任。劳动者依法解除或者终止劳动合同，用人单位扣押劳动者档案或者其他物品的，依照前款规定处罚。"

四　实操入职审查的挑战

1. 职业信用环境

尽管企业人力资源部人员忠于职守，对入职员工的审查很严格，但来源于员工方面的虚假职业信息他们有时难以分辨，从而使有些录用审查流于形式。有些人为了获得职业竞争和要价优势，不惜损害个人诚信和丧失职业道德底线，虚构关键经历和履职信息。由于缺乏关于职业信用的社会公信机制，企业的员工个人信息具有封闭性和独立性，失信记录透明性低，求职者造假几无成本，一名履历造假者在某家企业被戳穿，可能并不妨碍他在另一家企业"高就"。

案例3-2 ↘

伪造简历的部长

H 公司是一家创业板上市企业，2018 年，公司为了系统建立人力资源管理体系，改善粗放的人力资源管理现状，特委托一家猎头公司为其寻聘人力资源部部长。在猎头公司推荐的三名候选人当中，公司领导在面试过程中相中了其中一名有过当地某大型企业人力资源部主管背景的 W 先生，并当场通知他次日即到公司履职。

W 先生入职两周后，公司领导在一次偶然的会议上见到上述某大型企业人力资源总监，并向他打听 W 先生，该总监否认 W 先生的存在，W 先生的虚假"身世"顿时暴露。翌日，公司通知猎头公司对 W 先生进行调查，猎头公司第一时间向 W 先生核实其经历，并透露公司领导已对其经历生疑，要求其做出明确说明。第二天，W 先生突然在公司消失，无法联系。该公司领导认为猎头公司向他推荐了一个"假人"，猎头公司应承担相关责任。

案例点评：

该公司领导显然低估了人才市场中个人简历的信用问题，在录用 W 先生时，未经基本的信息核实就当场录用并通知当事人次日入职。在后续的过程中他把责任推给了猎头公司，认为猎头公司向他推荐了一个"假人"使他犯错。然而，大多数猎头公司的通用流程如下：当候选人面试考核合格后，在公司正式向候选人发送录用通知前，对于重要职位，猎头顾问会对候选人进行专门的背景调查，主要确认其关键经历和任职信息，如果有疑问，将建议公司不予录用。但该公司负责人未经必要程序，仓促录用，导致上述情形发生。

2. 简历伪造环节和内容

因学历、学位、职称等资质证书的可公共查询性，学历、学位、职称等内容退出简历伪造环节。应聘者简历伪造最严重的内容变为其关键经历、曾任职务、业绩表现、薪酬标准以及离职原因等。主要表现为恣意延长其在某些知名公司或上市公司任职经历时间，虚拟曾任职务，夸大业绩表现和实际薪酬水平。如在某公司任职不足一年而伪造成三年、五年；在某公司实际任职为一般基层岗位，而自称"主管"或经理级员工；原本因业绩表现不佳被要求离职，却描绘为业绩出众主动离职；等等。关键经历、所任职务、胜任表现等职业背景是衡量和反映应聘者专业能力、管理经验、综合素质等职业素养的重要依据和主要因素，虚假的背景资料使企业被动录用不合格者，承担着极大的用人风险。

案例3-3 ↘

Q 先生的"华丽变身"

Q 先生曾有担任某大型上市集团公司人力资源部招聘助理三个月的短暂经历，因其试用期考核未合格，未被该公司正式录用。然而 S 先生在各类人才网站公开和向各意向企业发送的简历中，显示其在该公司人力资源部任招聘主管三年的经历，这一经历被许多企业所重视。他现任某中型公司人力资源部经理，他的这一经历从未被人核实和质疑过。

　　案例点评：

　　类似的案例和现象很多，一项重要经历会成为被录用的主要因素，但是这类重要经历的真伪却很难考证，本案企业也可能做过背景调查，但可能已得到了简历中所提供"证明人"的明确"证实"。

3. 真伪甄别的困难

　　令人沮丧的是，问题的主要矛盾在于甄别上的困难。尽管一名经验丰富和敏锐的面试官可以通过有效的面试方法筛选掉许多经历伪造者，但同样"经验丰富"的职位申请者仍然可以瞒天过海。通常，企业对于那些重要岗位的应聘者在录用前将进行必要的背景调查，但获得的真实信息仍然有限，原因是被调查者在简历上所提供的有关证明人均由本人"钦定"，并做好了"访问约定"，访问将按照有利于被调查者的方向进行。如果企业的调查随机面向其他证明人，一是寻找证明人并不顺利，二是即便寻找到了其他愿意接受调查的人选或是现在的官方人选，也许该人选由于时间关系对被调查人并不熟悉，或者不愿意提供不利于被调查人的有关真实信息。

4. 可应对的措施

　　企业可以选择的应对措施如下。

　　(1) 在企业提供的应聘申请表和员工入职登记表中反复要求员工对所填写内容的真实准确性做出严正声明，愿意接受公司对表内资料核实，若有虚假而造成的一切后果由员工本人承担。此类措施有一定的威慑作用，给应聘者伪造行为形成较强的心理压力。

　　(2) 针对重要岗位采用必要的背景调查手段，尽管操作起来仍然十分困难，收效亦小，但采用比不采用好。如果此岗位候选人由猎头机构提供，要求其对候选人的简历真实负完全责任，在双方合作协议中对于简历虚假情形有严厉的处罚条款。

　　(3) 规模性企业可将本企业离职人员的履职信息在本企业网站上例行披露，何时入职、何时离职、曾任职务、业绩评价均可被查询，这样可有效地解决员工个人简历信息不透明的问题。

 **专　栏**

背景调查表

　　您好，我是××公司人力资源部招聘_____经理。我们需要向您了解关于候选人_____先生/女士在贵公司任职期间的一些相关信息。为了确保这名员工所提供的在职期间信息的完整性和真实性，非常感谢您可以帮助我们完成这份电话访谈问卷。以下您所回答的问题除经过候选人同意之目的，问卷内容不会向外界透露。

1. 候选人信息

候选人姓名：

2. 证明人信息

公司名称：　　　　　　　　　　姓名：

所在部门：　　　　　　　　　　职务：　　　　　　　　电话：

联系地址：

以上证明人信息由候选人提供或由招聘经理寻找合适的证明人。

3. 候选人职业信息

工作期间：_____年_____月至_____年_____月止。

具体的职务名称：

主要工作职责：

最后的工资：

离职原因：

他/她有任何影响工作/公司的个人问题吗？

他/她是否与贵公司签有竞业禁止/限制协议？有效期（起止日期）？

他/她是否与贵公司签有保密协议？有效期（起止日期）？

4. 请选择适用的选项，并提供相应的意见

他/她与人相处的情形如何？　　　　　　极好　好　一般

他/她的学习能力如何？　　　　　　　　强　不强　其他

您认为他/她是一个积极进取的人，并且可以在没有监管的情况下独立工作吗？

　　　　　　　　　　　　　　　　　　是　不是　其他

您如何评价他/她的出勤状况？　　　　　极好　好　一般

您认为他/她的长处和短处是什么？

您会如何综合评价他/她？

您对他/她以前的雇主做过背景调查吗？　有　没有　其他

他/她有犯罪记录或不合法行为吗？　　　有　没有　不清楚

您有其他意见吗？

调查访问者（签字）：

日期：

📖 课后思考

1. 员工入职通常包含哪些流程？

2. 企业与劳动者签订劳动合同时，拥有哪些义务和权利？

3. 入职审查举证有哪些？

第四章

员工劳动合同管理

①了解劳动合同管理是员工关系管理工作的基本内容之一。

②认识劳动合同的内容，包括对劳动关系双方的权利和义务的界定，劳动合同的条款分为必备条款和约定条款。

③明了劳动合同管理包括劳动合同的订立、履行、续订、变更、终止或解除等管理活动及过程。

　　员工劳动合同管理是企业员工关系管理的基石。企业对员工劳动合同管理的真正重视始于《劳动合同法》的颁布，该法案规定了企业未与劳动者签订书面劳动合同的法律责任和经济赔偿责任，提高了企业的违法成本，从而使企业与员工劳动合同的签订率迅速提高。

　　相对于企业人力资源管理的其他领域和模块，员工劳动合同管理无论是技术难度还是操作的复杂性都并不高，企业只要制定好规范有效的员工劳动合同管理制度、完整细致的劳动合同文本以及有专门的机构和人员负责执行，就可有效实施员工劳动合同的管理，控制有关劳动风险。负责劳动合同管理的机构和人员的主要职责如下。

　　（1）完善劳动合同内容。审查已签订的劳动合同，对其中内容不符合《劳动法》《劳动合同法》及有关规定的条款进行修改，必备条款不全的予以补充；条款过于刻板的，可与员工协商一致签订补充协议，也可将有关具体内容直接补充到劳动合同中。企业通过以上措施，使劳动合同比较全面细致地明确双方的权利和义务，使劳动合同易于履行。

　　（2）运用切实有效的管理手段，促进劳动合同的履行。系统建立劳动合同台账，对劳动者的基本情况、实际工作年限、劳动合同期限、劳动合同约定条款进行动态管理，并使之信息化。

　　（3）建立和完善与劳动合同制度相配套的规章制度。依照国家法律法规，建立健全支撑劳动合同制度运行的企业内部配套规章制度，包括员工手册、行为规范、员工奖惩、薪酬福利、社会保险、绩效管理、休息休假、劳动保护等。

　　（4）强化劳动合同制度运行的日常管理工作。企业制订的劳动合同实施方案应当经过职工代表大会或工会组织通过，实施方案应就劳动合同签订、履行、变更、解除和终止等各个环节进行具体规定，作为劳动合同运行的依据。对员工履行劳动合同情况（包括员工个人工资、休假、保险福利、加班及奖惩等）进行必要的记录。劳动合同期满前应提前一个月向员工提出终止或续订劳动合同的书面意向，并及时办理有关手续。

　　（5）加强劳动合同管理制度的监督。协调工会和职工代表大会积极参与公司劳动合同制度的建立和管理工作，监督公司劳动合同的履行情况，对劳动合同履行过程中存在的问题和不足提出意见和建议。企业劳动争议调解委员会应做好本企业劳动争议调解工作，减少劳动争议的发生，保持劳动合同的正常履行。

 专栏　···

××公司劳动合同管理办法

第一章　总则

　　第一条　为规范公司劳动合同管理工作，促进依法履行劳动合同，维护公司与员工的合法权益，构建和发展和谐稳定的劳动关系，根据《劳动法》《劳动合同法》等有关法律法规和公司《资产、资金、人力资源及招投标统一管理办法》相关规定，现结合实际，制定本办法。

第二条　本办法适用于公司本部、直管子公司、控股公司和参股公司。用人单位与员工建立劳动关系，订立、履行、变更、解除或者终止劳动合同，适用本办法。

<h3 style="text-align:center">第二章　职责分工</h3>

第三条　公司组织人事部门负责完善公司劳动合同管理办法，统筹公司本部、直管子公司、控股公司和参股公司劳动合同管理工作。

第四条　各用人单位组织人事部门具体负责本单位的劳动合同管理工作，主要职责为：

（一）学习贯彻有关劳动合同的法律、法规和政策文件；

（二）依据本办法开展劳动合同的订立、履行、变更、解除、终止等手续；

（三）落实劳动合同管理各项工作，建立劳动合同管理台账，并进行动态管理，促进劳动合同管理的规范化、标准化；

（四）对劳动合同附属协议的订立及管理；

（五）其他相关管理事项。

<h3 style="text-align:center">第三章　劳动合同的签订</h3>

第五条　订立劳动合同必须遵守平等自愿、协商一致、依法依规、诚实信用的原则。

第六条　各用人单位与员工应当自用工之日起 1 个月内订立书面劳动合同。

第七条　经公司任命的直管子公司高管人员或推荐至控股公司的高管人员，一律与所在用人单位签订劳动合同。公司推荐至参股公司的高管人员，劳动合同签订主体由公司和参股公司协商确定。薪酬发放主体与劳动合同签订主体一致。遇特殊情况由公司会议研究决定。

第八条　员工因个人原因离职，如同时满足以下条件，经公司会议审议通过，可以再次录用（原则上再次录用岗位应低于员工离职前任职岗位），不设试用期，首次签订劳动合同期限为 3 年：

（一）离职前曾任职公司本部主管及以上岗位，以及各直管子公司、控股公司高管人员副职及以上岗位的；

（二）符合法律法规规定的劳动合同订立条件的；

（三）公司切实需要的紧缺、关键人才；

（四）获得公司高管人员成员书面署名推荐的；

（五）在公司任职期间，不存在滥用职权、玩忽职守或由于主观原因造成国有资产流失的情形，未导致重大决策失误及重大安全、质量等责任事故，未发生违法违纪违规事件，未对公司造成严重不良影响的。

<h3 style="text-align:center">第四章　劳动合同的期限</h3>

第九条　劳动合同分为固定期限劳动合同、无固定期限劳动合同和以完成一定工作任务为期限的劳动合同。

第十条　新录用员工试用期为 6 个月，首次签订劳动合同期限为 3 年，第 1 次续签劳动合同期限为 5 年。符合市场化人才引进条件的，劳动合同签订事宜按照公司《人员招聘管理办法》执行。

第十一条 公司系统外调入的人员和系统各直管子公司、控股公司之间的人员调动不设试用期，首次签订劳动合同期限为 3 年，第 1 次续签劳动合同期限为 5 年；公司系统内调动人员司龄应连续计算。

因劳动者本人有过错、过失或不能胜任工作等其他原因导致的调动，不适用前款规定。

第十二条 下列情形之一，员工提出或者同意续订、订立劳动合同的，除员工提出订立固定期限劳动合同外，应当订立无固定期限劳动合同：

（一）员工在公司系统内连续工作满 10 年的；

（二）连续订立二次固定期限劳动合同，且员工没有《劳动合同法》第三十九条和第四十条第一项、第二项规定的情形，续订劳动合同的。

第五章　劳动合同的续签与变更

第十三条 公司本部、直管子公司员工劳动合同期满前 30 日向用人单位组织人事部门提交劳动合同续签申请书和《劳动合同续签审批表》（附件 1），该表经员工所在用人单位部门负责人初审同意后，依次报用人单位组织人事部门、所在部门分管领导审核，由用人单位组织人事部门分管领导审批后方可续签。控股公司可依据本单位章程或有关规定开展劳动合同续签工作，续签对象为公司推荐的高管人员时，需将续签情况向公司备案。该审批工作及续签工作应在合同期满后 30 日内完成。

第十四条 订立劳动合同时所依据的客观情况或所依据的法律、法规发生了变化，经双方协商一致，可变更劳动合同的部分条款，变更的条款超过百分之五十时，须重新订立劳动合同。

第六章　劳动合同的解除与终止

第十五条 有下列情形之一的，用人单位可以与员工解除劳动合同：

（一）在试用期间被证明不符合录用条件的；

（二）严重违反用人单位的规章制度的（含劳动者与用人单位协商一致签订的附属协议）；

（三）严重失职，营私舞弊，给用人单位造成重大损害的；

（四）劳动者同时与其他用人单位建立劳动关系，对完成本单位的工作任务造成严重影响，或者经用人单位提出，拒不改正的；

（五）因《劳动合同法》第二十六条第一款第一项规定的情形致使劳动合同无效的；

（六）被依法追究刑事责任的。

第十六条 有下列情形之一的，公司提前 30 日以书面形式通知员工本人或者额外支付员工 1 个月工资后，可以解除劳动合同：

（一）员工患病或者非因工负伤，在规定的医疗期满后不能从事原岗位工作，也不能从事由单位另行安排的岗位工作的；

（二）员工不能胜任工作，经过培训或者调整工作岗位，仍不能胜任工作的；

（三）劳动合同订立时所依据的客观情况发生重大变化，致使劳动合同无法履行，经用人单位与员工协商，未能就变更劳动合同内容达成协议的。

第十七条　员工提前30日以书面形式通知用人单位，可以解除劳动合同。员工在试用期内提前3日通知用人单位，可以解除劳动合同。

第十八条　有下列情形之一的，劳动合同终止：

（一）劳动合同期满的；

（二）员工开始依法享受基本养老保险待遇的；

（三）员工死亡，或被人民法院宣告死亡或者宣告失踪的；

（四）用人单位被依法宣告破产的；

（五）用人单位被吊销营业执照、责令关闭、撤销或者用人单位决定提前解散的；

（六）法律、行政法规规定的其他情形。

第十九条　各用人单位对已经解除或者终止的劳动合同的文本资料，应至少保存2年备查。

第二十条　员工岗位调整、调动或离职时，须严格按照《员工工作交接管理规定》进行工作交接。

第七章　补充协议管理

第二十一条　公司本部总助级高管、中层管理人员、直管子公司高管人员和推荐至控股公司的高管人员应依据《公司总部中层管理人员兼职子公司高管管理办法》《公司下属子公司高管兼职暂行规定》（×××字〔2020〕186号），在入司时或提任后7天内签订《未经批准不兼职和规范兼职承诺书》。

第二十二条　各用人单位中层及以上管理人员、关键岗位等负有保密义务的员工，应在签订劳动合同时一并签订《员工保密协议》《竞业限制协议》。保密范围可以参照公司《保密管理办法》相关内容及《秘密范围目录》。

第二十三条　劳动合同订立过程中，经用人单位与员工协商一致，可视需要签订其他有关附属协议，附属协议作为劳动合同附件，与劳动合同具有同等效力。

第八章　附　则

第二十四条　本办法由公司组织人事部门负责解释，并在执行过程中不断修改，逐步完善。本办法与法律、行政法规强制性规定相冲突的，以法律、法规规定为准。

第二十五条　公司其他规章制度中劳动合同管理的内容与本办法不一致的，以本办法为准。

第二十六条　本办法自印发之日起执行。原《劳动合同管理暂行办法》（×××党字〔2022〕11号）予以废止。

附件1：《劳动合同续签审批表》（表4-1）。

表 4-1　劳动合同续签审批表

姓　名		单位及岗位	
前次合同期限			
用人单位所在部门意见			
用人单位组织人事部门意见			
用人单位所在部门分管领导意见			
用人单位组织人事部门分管领导意见			

备注：表格内容因工作需要可进行适当调整。

第一节　劳动合同的订立

　　劳动合同的订立是指劳动者和用人单位经过相互选择，确定劳动合同当事人，并就劳动合同的条款经过协商，达成一致，从而明确双方权利、义务和责任的法律行为。劳动合同的订立过程即劳动法律关系的确立过程，然而，劳动合同的订立却并非劳动关系确立的唯一形式，换句话说，未正式订立劳动合同也可能已形成劳动关系，即事实劳动关系。在我国，有不少"边缘性"职业和部分行业并未实行正式的劳动合同订立，比如保洁、建筑、住宅装修、家政等行业以及农民工就业的大量职业，只有一些口头协议和考勤记录，以个人信用作为保障依据。

一　劳动合同的形式

劳动合同的形式有口头和书面形式之分。我国劳动法律规定劳动合同的法定形式为书面合同。《劳动合同法》规定："建立劳动关系，应当订立书面劳动合同。已建立劳动关系，未同时订立书面劳动合同的，应当自用工之日起一个月内订立书面劳动合同。用人单位与劳动者在用工前订立劳动合同的，劳动关系自用工之日起建立。"

劳动合同的形式还有主件和附件之分。主件一般是指在确立劳动关系时所制定的书面劳动合同，附件一般是指法定或约定作为劳动合同主件之补充而明确当事人双方相互权利义务的书面文件。法定的劳动合同附件主要包括以下内容。

（1）用人单位内部规章制度。我国法律规定用人单位应当建立和完善劳动规章制度，内部规章制度是劳动合同的重要补充。

（2）专项劳动协议。已确定劳动关系的劳动者与用人单位就某种事项签订的专项协议。如培训协议、保密协议、竞业限制协议等。

二　劳动合同的内容

劳动合同

劳动合同的内容包括法定条款和约定条款。法定条款为法律规定的必备条款，约定条款则为法定必备条款之外由双方约定的内容和条款。

1. 法定条款

法定条款即法律规定劳动合同必须具备的条款，只有完全具备这些条款，劳动合同才能依法成立和有效。我国《劳动合同法》第十七条规定："劳动合同应当具备以下条款：（一）用人单位的名称、住所和法定代表人或者主要负责人；（二）劳动者的姓名、住址和居民身份证或者其他有效身份证件号码；（三）劳动合同期限；（四）工作内容和工作地点；（五）工作时间和休息休假；（六）劳动报酬；（七）社会保险；（八）劳动保护、劳动条件和职业危害防护；（九）法律、法规规定应当纳入劳动合同的其他事项。"

除此之外，劳务派遣员工的劳动合同还须具备其他必备条款。《劳动合同法》第五十八条规定："劳务派遣单位与被派遣劳动者订立的劳动合同，除应当载明本法第十七条规定的事项外，还应当载明被派遣劳动者的用工单位以及派遣期限、工作岗位等情况。"

2. 约定条款

约定条款即劳动合同双方约定的其他条款，是法定必备条款的必要补充。《劳动合同法》第十七条规定："劳动合同除前款规定的必备条款外，用人单位与劳动者可以约定试用期、培训、保守秘密、补充保险和福利待遇等其他事项。"实践中，企业劳动合同通常约定的条款包括试用期、福利待遇、劳动纪律、劳动合同的变更、劳动合同的解除、劳动合同的终止或续订、违约情形及责任、调解与仲裁、人事档案、当事人约定的其他内容以及合同附件等。涉及培训、保密和竞业限制的岗位，协商约定《培训协议》《保密协议》《竞业限制协议》等条款或独立的协议附件。

值得注意的是，劳动合同内容的拟定通常由用人单位主导，除法定必备条款之外，约定条款涉及什么、不涉及什么、如何涉及，在用人单位的劳动合同草案中已基本拟定，并可能是针对所有劳动者的统一模板。一般情形下，即便合同草案不太完善，劳动者也不太好意思"较真"，以免留下"机械""死板"的印象。然而，这恰恰是容易引起劳动纠纷的重要隐患，应高度重视。

三 劳动合同的法律效力

1. 劳动合同的有效

劳动合同依法成立，从合同成立之日或者合同约定生效之日就具有法律效力，即在双方当事人之间形成劳动法律关系，对双方当事人产生法律约束力。其具体表现如下。

①当事人双方必须亲自全面履行合同所规定的义务。

②合同的变更和解除都必须遵循法定的条件和程序，任何一方当事人都不得擅自变更和解除合同。

③当事人违反合同必须依法承担违约责任。

④当事人双方在合同履行过程中发生争议，必须以法定方式处理。

劳动合同具有法律效力，必须以完全具备法定有效条件为前提。法律规定的劳动合同有效条件一般如下。

①合同主体必须合格。双方当事人都必须具备法定的主体资格，即一方必须是具有劳动权利能力和劳动行为能力的公民，另一方是具有用人权利能力和用人行为能力的单位。

②合同内容必须合法。劳动合同必须完全具备法定必备条款，并且所载各项条款的内容都必须符合劳动法规、劳动政策和集体合同条件。

③意思表示必须真实。双方当事人的意思表示都出于本人自愿，并且与本人内在意志相符。

④合同形式必须合法。劳动合同必须采用法定的书面合同或标准合同形式。

⑤制定程序必须合法。制定劳动合同时，必须完成各项法定必要程序，并且制定程序必须严格遵循法定规则，尤其应当遵循平等自愿和协商一致的原则。

2. 劳动合同的无效

劳动合同无效是指劳动合同由于缺少有效条件而全部或部分不具有法律效力。其中，全部无效的劳动合同，其所确立的劳动关系应予以取消；部分无效的劳动合同，其所确立的劳动关系可依法存续，只是部分合同条款无效，如果不影响其余部分的效力，其余部分仍然有效。

劳动合同无效的原因为法律所规定，无效的劳动合同从制定的时候就没有法律约束力，劳动合同的无效由劳动争议仲裁委员会或者法院确认。《劳动合同法》第二十六条规定："下列劳动合同无效或者部分无效：（一）以欺诈、胁迫的手段或者乘人之危，使对方在违背真实意思的情况下订立或者变更劳动合同的；（二）用人单位免除自己的法定责任、排除劳动者权利的；（三）违反法律、行政法规强制性规定的。对劳动合同的无效或者部分无效有争议的，由劳动争议仲裁机构或者人民法院确认。"

第二十七条规定："劳动合同部分无效，不影响其他部分效力的，其他部分仍然有效。"

第二十八条规定："劳动合同被确认无效，劳动者已付出劳动的，用人单位应当向劳动者支付劳动报酬。劳动报酬的数额，参照本单位相同或者相近岗位劳动者的劳动报酬确定。"

理论上劳动合同无效的原因主要有以下几点。

①合同主体不合法，即劳动者不具有劳动权利能力和劳动行为能力，或者用人单位不具有用人权利能力和用人行为能力。

②合同内容不合法，即合同缺少法定必备条款，或者合同条款违法。

③合同形式不合法，即合同未采用法定形式或标准形式。

④制定程序不完备，即制定合同未履行法定必要程序。

⑤意思表示不真实，即制定合同过程中，由于欺诈、威胁、乘人之危、重大误解等而导致当事人的意思表示不真实。

实践中，因合同内容不合法而导致劳动合同无效的情形较容易发生。一些用人单位在主导制订劳动合同草案时，为了免除自己的法定责任或排除劳动者权利，借助自身的地位优势，拟订了不合法的内容但并未意识到，劳动者在签订劳动合同时亦未意识其违法或不方便提出修改（这是常有的情形），从而导致劳动合同无效。如用人单位在劳动合同中约定"甲方（公司）有权根据生产经营变化及劳动者的工作情况调整乙方的工作岗位，乙方必须服从甲方的安排""乙方在工作期间，必须严格遵守安全操作规程，如果乙方违章操作导致自己负伤，不属于工伤，不能享受工伤待遇"等，就违反了劳动合同变更必须双方协商一致的原则，实际剥夺了劳动者协商一致变更劳动合同的权利，排除了劳动者享受工伤待遇的权利，这种约定为无效条款。

需要说明的是，上述各种原因对于决定劳动合同无效具有不同的法律意义。其中，对于主体不合法、制定程序不完备的合同，一般应确认为全部无效；对于内容不合法的合同，一般确认为部分无效，其余部分则仍然有效。与此同时，在劳动合同无效的范畴中还包括企业内部劳动规则（规章制度）无效的问题，由于内部规章制度是劳动合同的附件，内部规章制度的无效一般不影响劳动合同的效力，但是，对于以规章制度的某些内容为依据的劳动合同条款，则可能随着该部分内容的无效而无效。

案例4-1 ↘

张某与公司的赔偿纠纷

【裁判摘要】用人单位规章制度是在本企业内部实施的、有关组织劳动过程和进行劳动管理的制度。用人单位以劳动者严重违反单位的规章制度为由解除劳动合同，劳动者提起相关诉讼的，法院应当依法审查该规章制度的合法性与合理性。如果用人单位的规章制度超越合理权限对劳动者设定义务，并据此解除劳动合同，属于违法解除，损害劳动者的合法权益，用人单位应当依法支付赔偿金。

原告张某因与被告×××有限公司发生支付赔偿金纠纷，向×××区人民法院提起诉讼。

原告于2017年11月5日进入被告×××公司工作，于2017年12月26日与×××公司签订劳动合同，合同期限为2017年12月26日至2020年12月6日。合同签订后原告按约履行工作职责。2019年4月20日，×××公司以原告乘坐非法营运车辆为由通知原告解除劳动合同。原告认为，×××公司解除劳动合同的行为无事实与法律依据，属违法解除劳动合同。原告申请仲裁，仲裁裁决驳回了原告的请求。原告为维护自身合法权益，故起诉要求判决被告支付经济赔偿金7800元，并由被告承担本案诉讼费用。

被告×××公司辩称：原告张某2019年4月13日上午10点30分左右，乘坐非法营运车辆至公司宿舍区，被公司宿舍区警卫人员发现，警卫人员随即根据相关规定进行记录并通报主管人员。在对事件经过进行反复核对查明后，公司立即做出了对其予以违纪解除劳动合同的处理，并通知张某办理相应离职手续。因张某不来办理离职手续，公司人力资源部门于4月20日发出"离职通知单"，并完成了后续的离职及退工备案手续。公司未违反《劳动合同法》规定，故无须支付赔偿金，请求驳回原告的诉讼请求。

本案一审的争议焦点：被告×××公司解除与原告张某的劳动合同是否有合法依据。

×××区人民法院一审认为：用人单位的规章制度是用人单位制定的组织劳动过程和进行劳动管理的规则和制度，也称为企业内部劳动规则。规章制度既要符合法律法规的规定，也要合理。被告×××公司有权通过制定规章制度进行正常生产经营活动的管理，但劳动者在劳动过程以及劳动管理范畴以外的行为，用人单位适宜进行倡导性规定，对遵守规定的员工可给予奖励，但不宜进行禁止性规定，更不能对违反此规定的员工进行惩罚。×××公司以乘坐非法营运车辆存在潜在工伤危险为由，规定员工不能乘坐，违者开除，该规定已超出企业内部劳动规则范畴，且乘坐非法营运车辆行为应由行政机关依据法律法规进行管理，用人单位无权对该行为进行处理。工伤认定系行政行为，工伤赔偿责任是用人单位应承担的法定责任，×××公司通过规章制度的设置来排除工伤责任，没有法律依据，因此亦属无效规定。故×××公司不得依据该规定对员工进行处理，该公司以原告张某乘坐非法营运车辆为由解除劳动合同违反《劳动合同法》的规定，损害了劳动者的合法权益，依法应当向张某支付赔偿金，张某要求×××公司支付赔偿金7800元，未超过法律规定的赔偿金范围，法院予以支持。

资料来源：最高人民法院公报，有删改。

案例点评：

本案例体现了《劳动合同法》对劳动者权益的严格保护。×××公司以员工乘坐非法营运车辆为由解除劳动合同，其规章制度超越了合理权限，侵犯了劳动者合法权益。法院依法认定该规定无效，并判决公司支付赔偿金，彰显了法律对用人单位规章制度合法性与合理性的严格审查，以及对劳动者基本权利的尊重与维护，是劳动合同法律效力在司法实践中的有力体现。

劳动合同经法定机关依法确认为无效，其法律后果一般为自制定时起就没有法律约束力。实践中，劳动合同的制定和被确认无效都有一个过程，所以对无效劳动合同的法律后果需要按照下述两个阶段认定和处理。

①自合同制定时起合同被确认无效时止，合同全部无效的当事人之间仅存在事实劳动关系；合同部分无效的当事人存在部分劳动法律关系和部分事实劳动关系，事实劳动关系中当事人的权利和义务应当以劳动法规、劳动政策、集体合同和内部劳动规则为依据重新确定。其中，劳动者如果未得到或者未全部得到劳动法规、劳动政策、集体合同、内部劳动规则所规定标准的物质待遇，用人单位应当按照该标准予以补偿。

②自合同被确定无效时起，全部无效的合同所引起的事实劳动关系应予终止；部分无效的合同中，无效条款应当由劳动法规、劳动政策、集体合同和内部劳动规则中的有关规定所取代，或者由当事人依法重新商定的合同条款所取代。

此外，劳动合同被依法确认无效，还会导致特殊的法律后果。主要包括：劳动合同全部无效而用人单位对此有过错的，如果当事人双方都具备主体资格而劳动者要求制定劳动合同的，在终止事实劳动关系的同时，用人单位应当与劳动者依法制定劳动合同；用人单位对劳动合同无效有过错，如果给劳动者造成损害，应当承担赔偿责任。

3. 事实劳动关系

事实劳动关系是指劳动者与用人单位之间并不存在书面的劳动合同，但双方实际履行了劳动权利义务而建立的劳动法律关系。根据《劳动法》和《劳动合同法》的有关规定，建立劳动关系应当订立劳动合同，但在实践中，仍有不少劳动关系并未依照上述法律订立劳动合同，这就是所谓的事实劳动关系。实践中存在着三种事实劳动法律关系。

①劳动者与用人单位建立劳动关系时未签订书面劳动合同而形成的事实劳动关系。

②用人单位与劳动者订立了书面劳动合同，但在期满后双方没有明确终止该期劳动合同，而以口头或者行为形式表示继续劳动关系所形成的事实劳动关系。

③由于双方的书面劳动合同不符合法律规定的构成要件或者相关条款规定，致使其成为无效合同，但双方已依此确立了劳动关系。

2008年1月1日施行的《劳动法》虽然明确规定用人单位与劳动者建立劳动关系应当订立书面劳动合同，但未规定不签订劳动合同的法律后果，因此，有些用人单位选择不与劳动者签订书面劳动合同的做法，以此规避为员工缴纳社保、工伤和经济补偿金责任等。而劳动者没有书面劳动合同，在与用人单位产生劳动争议时因无法证明存在有效的劳动关系而维权困难。2012年12月28日修订的《劳动合同法》弥补了上述缺陷，明确规定了用人单位不与劳动者签订书面劳动合同的不利法律后果，加大了用人单位的成本。

4. 未及时订立劳动合同的法律风险

企业与员工未及时订立劳动合同将面临法律风险和经济赔偿责任。《劳动合同法》第十四条规定："用人单位自用工之日起满一年不与劳动者订立书面劳动合同的，视为用人单位与劳动者已订立无固定期限劳动合同。"第八十二条规定："用人单位自用工之日起超过一个月不满一年未与劳动者订立书面劳动合同的，应当向劳动者每月支付二倍的工资。"

四 劳动合同的期限

劳动合同期限是双方当事人相互享有权利和履行义务的时间界限，即劳动合同的有效期限。劳动合同期限可分为固定期限、无固定期限和以完成一定工作任务为期限。劳动合同期限与劳动者的工作岗位、内容、劳动报酬等都有密切的关系，更与劳动关系的稳定紧密相关。合同期限不明确则无法确定合同何时终止，如何支付劳动报酬、经济补偿等，容易引发争议。因此，应在劳动合同中明确双方签订的是何种期限的劳动合同。《劳动合同法》规定劳动合同期限是劳动合同的必备条款。

1. 固定期限

固定期限即明确规定了履行劳动合同的固定起始和终止的时间期限。固定期限劳动合同是应用最广泛的一种劳动合同，它具有适用范围广、富有弹性的特点，既能保持劳动关系的相对稳定，又能促进劳动力合理流动，使资源配置合理化和效益化。固定期限劳动合同的期限可长可短，除了法律规定劳务派遣劳动合同必须签订两年及以上的固定期限之外，其他劳动合同可针对不同岗位设定不同的固定期限。企业可选择针对那些常年性、技术性且要求保持连续性和稳定性的工作岗位，签订较长期限的固定期限劳动合同；对于那些季节性、临时性、可替代性和用工灵活的工作岗位，签订较短期限的固定期限劳动合同。

值得注意的是，法律规定固定期限劳动合同的具体期限与试用期期限密切相关。《劳动合同法》第十九条规定："劳动合同期限三个月以上不满一年的，试用期不得超过一个月；劳动合同期限一年以上不满三年的，试用期不得超过二个月；三年以上固定期限和无固定期限的劳动合同，试用期不得超过六个月。同一用人单位与同一劳动者只能约定一次试用期。"根据这条规定，企业对于那些非临时性岗位更倾向于选择与劳动者签订三年期限的劳动合同，既保持合同的稳定性和弹性，也最大化选择了试用期限（最长六个月），以降低企业的用人风险。

还有一个重要的问题是固定期限劳动合同向无固定期限劳动合同转化的问题。《劳动合同法》第十四条规定："有下列情形之一，劳动者提出或者同意续订、订立劳动合同的，除劳动者提出订立固定期限劳动合同外，应当订立无固定期限劳动合同：（一）劳动者在该用人单位连续工作满十年的；（二）用人单位初次实行劳动合同制度或者国有企业改制重新订立劳动合同时，劳动者在该用人单位连续工作满十年且距法定退休年龄不足十年的；（三）连续订立二次固定期限劳动合同，且劳动者没有本法第三十九条和第四十条第一项、第二项规定的情形，续订劳动合同的。"

上述规定中，一是明确了劳动者在该用人单位连续工作满十年的，可由固定期限合同转化为无固定期限合同；二是确定了用人单位与劳动者连续签订了二次固定期限劳动合同的，可由固定期限合同转化为无固定期限合同。这就意味着，用人单位与劳动者连续订立两次固定期限劳动合同，用人单位可以行使的终止权仅仅在第一次合同到期之时，当用人单位与劳动者签订了第二次固定期限劳动合同时，实际上已经"等同于"订立了无固定期限合同，因为第二次合同到期后，如果劳动者要求订立无固定期限劳动合同，用人单位必须订立。因此，如果第一次固定期限劳动合同的期限过于短暂，即很快使劳动合同的期限进入无固定期限。

此外，固定期限劳动合同期满终止，除非劳动者不同意续签或用人单位降低劳动合同约定条件，用人单位须支付经济补偿金。这意味着用人单位每年额外承担了一个月工资的用人成本，在劳动合同终止之时累积支付，除非劳动者提前主动辞职。

2. 无固定期限

无固定期限是指劳动合同没有一个确切的终止时间，劳动合同的期限长短没有确定，在没有双方约定或法律规定的解除条件出现时，劳动关系一直至劳动者退休时才终止。这一规定曾引起广泛的社会争议和用人单位对于"员工终身制"的担忧。然而，无固定期限劳动合同与固定期限劳动合同相比，并无特殊之处，而仅仅是没有约定确定的终止时间而已，在遇到法律规定或双方的劳动合同终止情形，同样可以解除，即可通过协商解除、法定解除和约定解除三种方式予以解除，并无"终身制"的本质。

值得说明的是，《劳动合同法》第十四条规定的"用人单位自用工之日起满一年不与劳动者订立书面劳动合同的，视为用人单位与劳动者已订立无固定期限劳动合同"，并非某些用人单位所担心的那样不可解除劳动合同而使劳动者成为"永久员工"，只要与劳动者补订书面劳动合同，与固定期限劳动合同并无巨大差别。

3. 以完成一定工作任务为期限

以完成一定工作任务为期限的劳动合同，是指用人单位与劳动者约定以某项工作的完成为合同期限的劳动合同，任务完成后，劳动合同终止，并需要按照《劳动合同法实施条例》第二十二条规定支付经济补偿金。

实践中，订立以完成一定工作任务为期限的劳动合同通常是因为用人单位无法确定该项任务完成的具体时间，比如技术开发项目、工程项目或者季节性的临时工作。此种劳动合同与一般劳动合同的不同之处主要在于，一是不存在连续签订两次劳动合同之后，再次签订必须签订无固定期限劳动合同的问题；二是以完成一定工作任务为期限的劳动合同不得约定试用期。

五 工作时间制度

工作时间制度是重要的劳动制度之一，对劳动者就业选择和劳动报酬产生重要影响，因而是劳动合同不可或缺的重要内容，也是法律规定劳动合同的必备条款。

我国现行工时制度可以分为标准工时制、特殊工时制和限制延长工时制三种。

1. 标准工时制

标准工时制是指法律规定的用人单位在正常情况下普遍实行的工作时间制度，即每天工作

8 小时，每周不超过 40 小时。该制度还被作为确定其他工作日长度的基础，用人单位安排工作时间，必须以此为标准，否则将面临相应的责任。标准工时制的意义还包括以此可计算出年工作日和月工作日，从而作为计算日工资和加班工资的基数。

2. 特殊工时制

特殊工时制是相对标准工时制而言的。《国务院关于职工工作时间的规定》第五条的规定："因工作性质或者生产特点的限制，不能实行每日工作 8 小时、每周工作 40 小时标准工时制度的，按照国家有关规定，可以实行其他工作和休息办法。"

我国目前实行的特殊工时制主要有缩短工时制、综合计算工时制、不定时工时制和计件工时制。

（1）缩短工时制。缩短工时制也称缩短工作制，是指劳动者每个工作日的工作时间少于标准工作日长度，或每周工作天数少于标准工作天数的工作时间制度。适用这种制度的对象主要是从事特别艰苦、繁重、有毒有害、过度紧张的劳动者以及在哺乳期的女员工。我国目前实行缩短工时制有以下四种情况：一是从事矿山、井下、高空、高温、低温、有毒有害等特别繁重或过度紧张的职工，每日工作少于 8 小时，实行各种形式的缩短工时制；二是夜班工作时间实行缩短 1 小时。夜班工作时间一般指当晚 10 时至次日晨 6 时从事劳动或工作的时间；三是《女职工劳动保护特别规定》中，对有不满 1 周岁婴儿的女职工，可在每天劳动时间内安排 1 小时哺乳时间；四是未成年工（年满 16 岁未满 18 岁的劳动者）每日工作不超过 8 小时。

（2）不定时工时制。不定时工时制是指因工作性质和工作职责的限制，劳动者的工作时间不能受固定时数限制的工时制度。实践中的标准工时制、缩短工时制都是定时工时制，是依据工作时间来计算工作量的，而不定时工时制是一种直接确定职工劳动量的工作制，其适用的范围可包括企业管理人员、外勤人员、营销人员等极其广泛的岗位。

（3）计件工时制。计件工时制是以劳动者完成一定数量的合格产品或一定的作业量来确定劳动报酬的一种劳动形式。从本质上来说，计件工作的劳动者实行的是一种特殊类型的不定时工作制。其特点为，直接用一定时间内完成的产品数量和作业量来计算劳动者的工作成果，它能把工作量和工作成果联系起来，体现出劳动效率。

计件工时制和计件工资制是制造型企业针对生产部门员工应用广泛的工时制和工资制度，也是被称为最为公平、公开、公正的计酬制度，充分体现了"多劳多得、优劳优得"的公平、效益原则。当然，计件工时制和计件工资制是建立在劳动定额的基础上的，只有劳动定额制定公平科学，才能确保计件工资的公平性和合理性。

通常，采用计件工时制的劳动者在计酬形式上有保底工资和无保底工资之分，前者在劳动者工作量（由企业控制而非个人）不充分的情形下，仍享有保底工资，并将这一工资作为计算加班工资的基数，同时不得低于当地最低工资标准水平；后者则无论工作是否充分都不享受保底工资，但通常会设计一个工资线，作为计算加班工资的基数。

（4）综合计算工时制。综合计算工时制，是以标准工作时间为基础，以一定的期限为周期，综合计算工作时间的工时制。计算工作时间的周期可以是周、月、季、年，但其平均日工作时间和平均周工作时间应与法定标准工作时间基本相同。用人单位多采用集中工作、集中休息、轮休轮调等方式，保障员工的休息休假权利和生产工作任务的完成。

3. 限制延长工时制

限制延长工时制是指用人单位在劳动者完成劳动定额或规定的工作任务后，根据生产或工作需要，安排劳动者在法定工作时间以外工作的制度。延长工时的主要形式有加班和加点。由于延长工时超出了正常工作时间，是工作时间在休息时间中的延伸，为了保护劳动者的休息权，法律对其进行限制。一般情况下，延长工时的限制措施主要包括：一是程序限制，即用人单位须与工会和劳动者协商，方可延长工作时间；二是时数限制，用人单位延长工时一般每天不得超过 1 小时，特殊原因每天不得超过 3 小时，每月不得超过 36 小时；三是报酬限制，用人单位必须支付高于正常工作时间工资的报酬。《劳动法》第四十四条规定："有下列情形之一的，用人单位应当按照下列标准支付高于劳动者正常工作时间工资的工资报酬：（一）安排劳动者延长工作时间的，支付不低于工资的百分之一百五十的工资报酬；（二）休息日安排劳动者工作又不能安排补休的，支付不低于工资的百分之二百的工资报酬；（三）法定休假日安排劳动者工作的，支付不低于工资的百分之三百的工资报酬。"

值得注意的是，上述规定中的法定休假日是带薪假，法定假日加班除需要支付当天正常工资外，应额外支付不低于工资标准百分之三百的工资报酬。

六　"弹性工作制度"

实践中许多企业在其管理制度中规定了"弹性工作时间"，意在以此抵消延长工作时间带来的工资成本，尤其针对各级管理人员，这种制度的性质大体类似于综合计算工时制。

七　订立劳动合同应注意的事项

1. 法定必备条款必须完备

确定劳动合同内容时既要根据法律规定，又要结合企业实际特点。劳动合同可分为法定部分和约定部分，法定部分不能约定，法定必备条款必须完备，以避免产生无效合同条款。同时，企业也需要根据自身实际情况来具体规定，不宜千篇一律，或者简单按照政府发布的通用劳动合同范本制定，给履行劳动合同带来困难。

2. 劳动合同内容要繁简得当

劳动合同的内容非常广泛，一般来说，对于国家法律法规和本企业已有具体和详细规定的内容，在合同中明确按照国家某项规定和本企业某项规定执行即可，无须将所有规定都写入劳动合同。但对于无具体规定的内容，尤其是容易产生误解和歧义的内容，或者容易产生劳动争议的条款，则应尽量出具详细的规定和解释，以避免产生劳动纠纷。

3. 语言表达力求准确明白

劳动合同的语言表达应力求客观、准确、简明，不宜产生歧义，对于那些不容易理解或容易产生歧义的概念和描述，需要特别进行定义，其内涵和外延需要进行特别界定，以确定意义表达与当事人的意愿一致。

4. 合同日期明确

劳动合同日期包括签订日期、生效日期以及合同起止日期，必须载明，不能留下空白，签订日期与合同履行的起止日期不一定完全一致。日期问题常常被实操者忽视，也常常使劳动纠纷失去证据。

5. 订立程序应严格履行

劳动合同必须严格履行订立程序，包括用人单位提供合同草案，介绍和提供必要的内部管理规章制度和附件，签名盖章，以及必要的鉴证，等等。实践中容易发生的错误情形是当事人一方未签字或盖章，或请人代签未被察觉，事后不承认已经签订劳动合同，从而导致劳动争议和纠纷。

案例4-2

A 先生的索赔

A 先生是一家国有有线网络公司已签订固定期限劳动合同的员工，合同到期后，经公司部门负责人与其协商，双方同意续签为期 5 年的固定期限劳动合同。公司人力资源部将合同文本发放至该部门，要求部门组织 A 先生以及其他几名同时到期的员工签订劳动合同。一周后该部门将这几名员工的合同全部提交给公司人力资源部，人力资源部签字盖章后将应由员工保存的劳动合同文本返回部门并交给员工，劳动合同程序全部完成。一年后，A 先生提出辞职并获得批准，但他在办理离职手续时提出，公司未与他签订劳动合同，在公司人力资源部提供的劳动合同文本面前，他否认这份合同是由他签订的，后经字迹验证，这份合同被证明确实并非由他本人签订，A 先生要求公司按照未签订劳动合同的有关法律规定进行赔偿。事后经公司调查，此份合同系由他人代签。

本案的最终处理结果为，经双方协商同意，公司按过去一年未签订劳动合同支付双倍工资，双方劳动关系解除。

案例点评：

规模性企业如果缺乏对劳动合同的系统管理和分级管理，将很容易导致劳动关系纠纷问题。由于员工数量较多，劳动合同订立和期满的时间不可能一致，需要对劳动合同的终止和续签有缜密的控制方法，较安全的办法是软件系统的提示。通常，用人部门认为劳动合同管理是人力资源部的事，不予重视，但人力资源部门只能承担制度建设和管理指导的责任，劳动合同签订的具体组织、实施与监督，理应由用人部门负责。直线经理是本部门人力资源管理的第一责任人，也是本部门员工劳动合同管理的第一责任人。

第二节　试用期管理

试用期是劳动合同履行的第一阶段，是当事人双方相互考察、磨合并保留进一步双向选择余地的劳动关系状态。在劳动合同中，试用期是约定内容而非法定必备条款，也就是说，劳动合同可以设置试用期，也可以不设置试用期。实践中，企业在获得市场稀缺或者紧急而重要的成熟人才的时候，可能选择不使用试用期，一是企业以此表示对人才的尊重和信任，二是目标人才可能不愿意接受试用期。

无论如何，试用期是企业与员工双方相互观察以采取进一步行动的重要时期，从双方的角度，通常都宜于使用这一劳动关系的非正式状态，以保持更多的可选择性和可能性。正如人与人的区别甚大，企业与企业的差异也相距甚远，即便是很优秀的人才在某家企业有成功经历，但这并不是可在另一家企业取得同样成功的当然理由。"合不合适"是一个重要的命题，企业所要做的，就是将合适的人才放在合适的岗位上，劳动者追求的是，进入一家合适的公司从事适合自己的职业而获得满足感和成就感。有时候"合适"与"不合适"是重要的去留理由，而试用期正是检验双方是否合适的重要时期和方式。

然而，无论是用人单位还是劳动者个人，都不宜因为具有试用期的缓冲和可选择性而过于感性和随意，双方都存在较大的机会成本，"试一试"不是一个好主意，如果试用失败，对双方而言都有挫败感，并提高了双方的流动率记录。流动率过高对于企业来说不仅仅是数据上的意义，它极大地影响员工对组织的感受，过于动态的组织使员工缺乏稳定感和安全感。尽管人才流动速度加快是当今社会人力资源发展的主要趋势之一，但劳动者频繁跳槽，将牺牲其未来的职业价值。如果求职者的简历表中屡次显示在某些企业里的短暂经历，证明其职业决策能力不足或者缺乏对职业的足够尊重。

一　试用期期限

现行法律规定试用期期限应当依法约定。《劳动合同法》第十九条规定："劳动合同期限三个月以上不满一年的，试用期不得超过一个月；劳动合同期限一年以上不满三年的，试用期不得超过二个月；三年以上固定期限和无固定期限的劳动合同，试用期不得超过六个月。同一用人单位与同一劳动者只能约定一次试用期。以完成一定工作任务为期限的劳动合同或者劳动合同期限不满三个月的，不得约定试用期。试用期包含在劳动合同期限内。劳动合同仅约定试用期的，试用期不成立，该期限为劳动合同期限。"

实践中，企业将更倾向于选择使用试用期六个月的上限，即首次签订三年的固定期限合同。其有利因素在于，一是获得了更长的试用观察期，观察时间越长，其评价和判断更客观真实；二是受到两次签订固定期限劳动合同后必须签订无固定期合同的限制，首次合同期适当长一些，对于第二次是否续签有更长的考察时间。在实际履行过程中，试用期可以提前结束，也可在法律规定的范围内延长。

二　试用期待遇

试用期待遇包括工资待遇和社会保险待遇，有关待遇必须依照法律规定的范围执行。《劳动合同法》第二十条规定了试用期员工工资待遇："劳动者在试用期的工资不得低于本单位相同岗位最低档工资或者劳动合同约定工资的百分之八十，并不得低于用人单位所在地的最低工资标准。"

企业应履行为试用期员工缴纳社会保险的义务。实践中，由于试用期员工仍在观察期，双方都有再次选择的可能，为避免社保关系频繁转移，有些企业采用在试用期内不缴纳社会保险的内部规定，尽管能够得到大多数员工的理解，但仍然使之处于工伤、工亡风险以及劳动纠纷的隐患之中。

三　试用期解除

首先，通常情况下，员工在试用期内被证明不符合录用条件的，企业可能解除劳动合同，但是现行法律对于试用期解除劳动关系仍然进行了限制。《劳动合同法》第二十一条规定："在试用期中，除劳动者有本法第三十九条和第四十条第一项、第二项规定的情形外，用人单位不得解除劳动合同。用人单位在试用期解除劳动合同的，应当向劳动者说明理由。"这就意味着企业要解除与试用期员工的劳动合同，必须提供相关证据。其次，法律也对试用期员工主动解除劳动关系进行了限制。《劳动合同法》第三十七条规定："劳动者在试用期内提前三日通知用人单位，可以解除劳动合同。"再次，在试用期内企业解除员工的劳动合同不需要支付经济补偿金，但也不能因员工解除劳动关系要求或约定支付招聘费用、培训费用以及承担违约金等。

四　试用期转正

试用期转正是指企业与试用期员工从非正式的劳动关系转为正式劳动关系的行为，即俗称试用期员工转为"正式员工"。试用期结束前，企业与员工双方需要分别做出正式录用和加入的决定，其中企业需要以严谨细致的流程做出评估判断并在双方意愿一致的前提下，完成员工转正手续。通常，这些手续和工作包括以下几点。

①员工访谈，了解员工的思想和意愿，倾听其对组织的看法。

②员工述职，书面或会议陈述和总结试用期内主要工作内容和绩效情况，分析取得的主要成绩和存在的不足。

③用人部门会同人力资源部门按照既有的制度标准和流程对试用期员工进行试用期考核和评估，并做出是否转正的决定建议；如对试用期员工不予转正，提供相关考核证据。

④依照程序由公司负责人审批决定。

⑤确定员工转正定级工资标准。

⑥转正资料存档和备案。

试用期结束是劳动合同双方当事人履行合同过程中的重要节点，也是一次可供双方再选择的重要机会。在这个时间点上，对于企业而言，如果因试用员工不胜任岗位工作不再继续履行合同，则此时的成本最低，因为无须支付经济补偿金。从某种意义上说，试用期转正决定比入职试用决定更加重要。通过试用期几个月的观察和评估，双方对于相互之间的适用性有了更加全面和客观的认识，故而做出的选择决定更趋理性。因此，企业应当高度重视试用期考核和评估的规范性和科学性，而不仅仅是履行一道必要的人事手续而已。试用期员工也应当理性判断自己是否做出了一个忠于内心的合理选择。

专　栏

×××有限公司试用期员工访谈表（用人部门使用）

员工姓名：_____　入职时间：_____　入职引导人：_____

所在部门岗位：_____　部门主管：_____　公司负责人：_____

对员工的工作绩效及合作情况给予评价：

_____

指出员工的主要长项和不足：

_____

询问员工目前面临的问题和困难：

_____

询问员工希望得到的帮助和支持：

_____

直接主管（签字/日期）：

公司负责人（签字/日期）：

×××有限公司试用期员工访谈表（人力资源部专用）

员工姓名：_____ 入职时间：_____ 入职引导人：_____

所在部门岗位：_____ 部门主管：_____ 公司负责人：_____

对员工的工作绩效及合作情况给予简要评价：

_____

询问员工对主管和所在团队的评价：

_____

询问员工对公司整体环境的评价：

_____

询问员工对部门和公司的建议：

_____

主管（签字/日期）：

访谈人（签字/日期）：

第三节 劳动合同的履行和变更

一 劳动合同履行

　　劳动合同履行是指合同当事人双方履行劳动合同所规定义务的法律行为。自劳动合同生效之日起，双方即开始履行各自权利和义务，包括劳动者应当遵照用人单位内部劳动规则付出劳动并获得报酬待遇，用人单位行使指挥和管理权利，督促其完成工作任务并给付报酬待遇。当事人双方应依法履行自己应尽的义务，并为对方履行义务创造条件，当一方遇到困难时，另一方应在法律允许的范围内尽力给予帮助。

　　在劳动合同中可能出现内容不明确的条款，应当先确定其具体内容然后履行。一般认为，用人单位内部规则有明确规定的，按该规定履行；未做明确规定的，按照集体合同的规定履行；无集体合同或集体合同未规定的，按照有关劳动法规和政策的规定履行；劳动法规和政策未做规定的，按照通行的习惯履行；没有可供遵循的，由当事人双方协商确定如何履行。

二　劳动合同变更

劳动合同变更是指合同当事人双方或单方依法修改或补充劳动合同内容的法律行为。劳动合同的变更对象只限于劳动合同中的部分条款，它应当符合下述要求：一是尚未履行完毕的有效条款；二是引起合同变更原因所指向的条款，即只有在制定劳动合同所依据的主客观条件发生变化，致使劳动合同中的部分条款履行成为不可能或不必要的情况下，劳动合同才能变更。

1. 变更原因

实践中，引起劳动合同变更的原因，按其来源不同大致可归纳为以下三个方面。

（1）用人单位方面的原因。如机构设置变化、新产品立项与开发、调整生产任务或生产项目、重新劳动组合、调整工作岗位和内容、变更工作地点、修订劳动定额、调整劳动报酬和福利方案、发生严重亏损、防止泄露商业秘密等。

（2）劳动者方面的原因。如职务晋升或降级、技能等级提升、身体健康状况发生变化、职业技能与岗位不相适应等。

（3）客观方面的原因。如法规和政策发生变化、国民经济调整、社会动乱、自然灾害等。

上述各种原因的劳动合同变更应遵循平等自愿、协商一致的原则，经劳动合同当事人协商同意变更原合同。

2. 变更程序

劳动合同变更的程序主要包括以下环节。

（1）预告变更要求。需要变更合同的一方当事人应当按照规定时间提前向对方提出变更合同的要求，说明变更的理由、条款、条件，以及请求对方答复的期限。

（2）按期做出答复。得知对方当事人提出的变更合同后，通常应当在对方要求的期限内做出答复，可以表示同意，也可以提出不同意见而要求另行协商。

（3）签订书面协议。双方均同意变更合同的，应当达成书面协议，并签字盖章。

（4）鉴证和备案。如原劳动合同经过鉴证或备案，变更合同也应办理相应的鉴证或备案手续。

实践中，合同变更容易引发劳动争议的情形是，劳动合同内容已实际发生变化而未履行变更程序，尤其是一些消极因素引起的内容变化，如企业根据内部规章制度或擅自对员工进行处罚性的降级、降薪、职务调整、工作地点调整等。即便是非惩罚性甚至是正激励的岗位和工作地点的正常调整，如果未经员工接受和同意，也容易产生劳动争议。通常用人单位以在原劳动合同中明确"乙方应服从甲方的工作安排"的条款为由，要求员工服从岗位和工作地点的调整，如果员工不能接受，则这一条款为无效条款，对员工并无约束力。为此，许多企业会选择在劳动合同有关工作地点的条款中，约定更加广泛的地域，如"公司本部所在地以及公司分子公司所在地"，并事先告知员工这些所在地的具体地点，以增加工作地点的调整空间。

第四节 集体劳动合同

一 集体合同的性质与特征

1. 集体合同的性质

集体合同是一种特殊的劳动合同，又称团体协约、集体协议等，是企业与工会签订的以劳动条件为中心内容的书面集体协议，具体是指工会或者员工推举的员工代表，代表员工与用人单位依照法律法规的规定就劳动报酬、工作条件、工作时间、休息休假、劳动安全卫生、社会保险福利等事项，在平等协商的基础上进行谈判所缔结的书面协议。集体合同与劳动合同不同，它不规定劳动者个人的劳动条件，而规定劳动者的集体劳动条件，一般适用于企业与全体员工，也有的适用于企业与参加签订集体合同的工会成员。

2. 集体合同的特征

集体合同具有一般合同的共同特征，即主体双方基于平等、自愿协商而订立的规范双方权利和义务的协议。除此以外，集体合同还具有其自身特征。

①集体合同是特定的当事人之间订立的协议。在集体合同中当事人一方是代表员工的工会组织或员工代表；另一方是用人单位。当事人中至少有一方是由多数人组成的团体。特别是员工方，必须由工会或员工代表参加，集体合同才能成立。

②集体合同内容包括劳动标准、劳动报酬、工作时间、休息休假、劳动安全卫生、保险福利等事项。在集体合同中，劳动标准是集体合同的核心内容，对个人劳动合同起制约作用。

③集体合同的双方当事人的权利义务不均衡，基本上都是强调用人单位的义务，如为劳动者提供合法的劳动设施和劳动条件。

④集体合同采取要式合同的形式，需要报送劳动行政部门登记、审查、备案方为有效。

⑤集体合同受到国家宏观调控计划的制约，就效力来说，集体合同效力高于劳动合同，劳动合同规定的员工个人劳动条件和劳动报酬标准，不得低于集体合同的规定。

⑥集体合同制度是一项劳动法律制度。

⑦集体合同制度必须遵循的一项重要原则，就是劳动关系双方在平等自愿的基础上相互理解和相互信任。

集体合同与劳动合同的主要区别在于：一是主体不同。集体合同的当事人一方是企业，另一方是工会组织或劳动者按照合法程序推举的代表；劳动合同的当事人是企业和劳动者个人。二是内容不同。集体合同是关于企业的一般劳动条件标准的约定，以全体劳动者共同权利和义务为内容；而劳动合同的内容只涉及单个劳动者的权利、义务。三是功能不同。协商订立集体合同的目的是规定企业的一般劳动条件，为劳动关系的各个方面设定具体标准，并作为单个劳动合同的基础和指导原则；劳动合同的目的是确立劳动者和企业的劳动关系。四是法律效力不同。集体合同规定企业的最低劳动标准，凡劳动合同约定的标准低于集体合同的标准一律无效，故集体合同的法律效力高于劳动合同的法律效力。

专　栏

某集团公司劳动合同范本

编号：＿＿＿＿＿＿＿＿＿

×××股份有限公司劳动合同书

甲方名称：×××股份有限公司

地址：＿＿＿＿＿＿＿＿＿＿＿＿＿＿＿＿＿＿＿

性质：＿＿＿＿＿＿＿＿＿＿＿＿＿＿＿＿＿＿＿

法定代表人：＿＿＿＿＿＿＿＿＿＿＿＿＿＿＿

委托代理人：＿＿＿＿＿＿＿＿＿＿＿＿＿＿＿

乙方姓名：＿＿＿＿＿＿　性别：＿＿＿＿＿＿　出生年月：＿＿＿＿＿＿＿

家庭住址：＿＿＿＿＿＿＿＿＿＿＿＿＿身份证号：＿＿＿＿＿＿＿＿＿＿＿

甲方：×××股份有限公司

乙方：＿＿＿＿＿＿＿＿＿＿＿＿＿＿＿＿＿＿

甲方因工作需要，兹聘用乙方工作，根据《劳动法》《劳动合同法》及其他有关法律法规的规定，经甲乙双方平等协商，自愿签订本合同，共同遵照执行。

一、合同期限

本合同有效期为＿＿＿＿＿＿年，自＿＿＿＿＿＿年＿＿＿＿＿＿月＿＿＿＿＿＿日起至＿＿＿＿＿＿年＿＿＿＿＿＿月＿＿＿＿＿＿日止。其中前＿＿＿＿＿＿个月为试用期。

二、工作内容和时间

（一）甲方根据生产经营需要，安排乙方在＿＿＿＿＿＿部门担任岗位工作。工作地点为甲方本部所在地或甲方分公司所有地。

（二）乙方每日工作时间为＿＿＿＿＿＿小时，每周工作时间为＿＿＿＿＿＿小时。

（三）乙方接受甲方的工作安排，并承诺认真履行岗位职责，按时、按质完成工作任务。

（四）如果甲方生产经营活动发生重大变化，或因甲方认为乙方工作能力不能胜任该职务，甲方需调整乙方工作岗位，乙方应当服从甲方的工作安排。

三、工作条件、劳动保护

甲方根据国家有关规定，为乙方提供必需的劳动保护和劳动条件，注重乙方的安全和健康。

四、员工教育

在乙方任职期间，甲方负责对乙方进行职业道德、业务技能、劳动安全及有关规章制度的教育和培训，乙方应积极接受这类教育和培训。

五、劳动报酬

（一）甲方按现行的工资制度确定乙方的月工资，并以人民币现金的方式支付。具体标准为：试用期内，乙方工资标准为每月_____元，试用期满后，乙方工资标准为每月_____元。如甲方无故支付不足或无故拖欠工资，按照政府有关规定处理。

（二）甲方发薪日期为每月8日。

（三）乙方的个人所得税由个人承担，公司在发薪时可以代扣代缴。

六、社会保险、福利待遇

（一）甲方按规定向政府指定的机构为乙方缴纳有关社会保险。属于乙方个人缴纳部分，由甲方在发薪时代扣代缴。

（二）乙方享有甲方规定的福利待遇。

七、劳动纪律、奖惩

（一）乙方应严格遵守国家宪法、法律法规及甲方制定的各项规章制度，甲方有权对乙方执行制度的情况进行检查、督促、考核和奖惩。

（二）乙方在本合同期内，未经甲方书面同意，不得从事任何与甲方业务相关的经营活动，也不得在任何其他经济组织中兼任有偿或无偿的职务，不得以任何形式从事其他职业。

（三）乙方模范遵守甲方规章制度，工作成绩优异，甲方按规定予以表彰和奖励；乙方违反公司规章制度，甲方按规定予以处理。

八、保密和知识产权

（一）乙方应对在甲方工作期间所掌握的所有信息，包括但不限于有关制造、管理程序、工艺技术、软件，甲方或与甲方关联的其他企业的市场或财务、信息、经营方法、产品、规程、业务、服务，进行最高限度的保密。未经甲方事先的书面授权，乙方不得以任何方式直接或间接地泄露、转让、转移上述信息给任何第三方。

（二）所有依据本合同期间以物质方式发明和发展的知识产权和工业产权，包括但不限于软件、硬件、标准、报告、产品、手册及有关文件将永远是甲方的财产。由于甲方已经支付了工资，乙方应同意并实际向甲方转让所有版权或其他知识产权和工业产权。乙方应进一步同意签署所有文件并同意满足甲方提出的为执行本条款所提出的所有要求。

（三）在甲方终止或解除合同时，乙方应向甲方交回以任何方式同甲方相关联且由乙方掌握的公司的所有图纸、图表、备忘录、客户名单、公式、财务资料、市场信息和所有书籍、文件、计划和其他记录在其他媒体上的信息。

（四）在本合同终止和解除后，乙方依据本条所履行的义务，应仍然延续有效，但不超过三年。

九、合同的解除、终止和续订

（一）有下列情形之一的，甲方可以解除本合同：

1.严重违反劳动纪律或甲方依法制定的规章制度的

2.严重失职、营私舞弊、给甲方利益造成重大损害的；

3.乙方所填写的《应聘登记表》及其他个人资料不实的。

（二）有下列情形之一的，甲方可以解除合同，但应提前30日书面通知乙方：

1.乙方患病或非因工负伤，在规定的医疗期满后仍不能从事原工作，也不能从事公司另行安排的工作的；

2.乙方不能胜任工作，经培训或调整岗位后，仍不能胜任工作的；

3.合同订立时所依据的客观情况发生重大变化，致使合同无法履行，经双方协商不能就变更合同达成协议的；

4.甲方因经营政策、市场等原因发生重大变化，生产经营状况发生困难，需要裁员时，可以解除本劳动合同。

（三）有下列情形之一的，乙方可以通知甲方解除合同：

1.甲方未按照本合同约定支付劳动报酬或提供劳动条件的；

2.甲方以暴力、威胁或者非法限制人身自由的手段强迫劳动的。

（四）乙方因本人原因要求解除本合同，应当提前30日以书面形式通知甲方。

（五）有下列情形之一的，劳动合同自行解除：

1.乙方被依法追究刑事责任或劳动教养的；

2.甲方宣告解散。

（六）有下列情形之一的，甲方不得解除和终止本合同，但符合本条第（一）款第1、2项的规定除外：

1.乙方因病或非因工负伤在规定医疗期内的；

2.乙方患职业病或因工负伤，并被确认丧失或者部分丧失劳动能力的；

3.乙方（女性）在孕期、产期和哺乳期内的；

4.法律、行政法规规定的其他情况。

（七）有下列情形之一的，本合同自行终止：

1.合同期满的；

2.当事人约定的终止条件出现；

3.乙方达到法定的退休年龄。

（八）本合同届满前30日内经过甲方、乙方协商一致的，可以续订合同。如果该时间内甲方没有书面通知乙方或者乙方没有书面通知甲方不续订合同，则视为甲乙双方将会续订合同，并且原来约定的劳动条件和一切待遇保持不变。如果甲乙双方因客观事实而不能在合同到期日前续签合同，应当在合同到期日后30日内办理续订事宜。

（九）甲乙双方经协商一致，可以解除本合同。

（十）本合同涉及经济补偿的，按有关法律法规的规定以及双方签订的专项协议处理。

十、双方约定的事项

（一）甲方须及时为乙方办理录用手续，乙方应在甲方规定时间内向甲方提供办理录用所必需的有关资料，超过期限或有意不提供视为不符合录用条件，甲方可以解除本合同且不承担任何赔偿责任。

（二）乙方接受甲方出资引进、培训、资助购房、购车或者提供住房等，以及乙方涉及商业秘密工作的，甲乙双方可另行签订专项协议约定各自的权利和义务。如本合同期限已到，而专项协议期限未到的，本合同期限自动顺延至专项协议期限。

（三）甲方根据工作需要，以及依照乙方的工作能力、工作表现及健康情况等，可调整乙方的工作部门、工作岗位和工作地点。对此，甲方将事前与乙方协商，乙方如有异议，可反映本人意见，但未经甲方同意，乙方应予服从。对无正当理由不服从甲方工作调整的，甲方可以解除本合同，并不予支付经济补偿。

（四）甲方因机构调整、岗位撤并、设备更新、工艺改进等生产经营或技术条件发生变化，致使人员多余又无法安排且涉及乙方时，甲方可以解除本合同，但应当给予乙方经济补偿。

（五）乙方在本合同终止或解除时，应按公司规定办理离职手续。乙方未办理离职手续擅自离职的，由此产生的法律责任由乙方承担。

十一、违约责任

（一）本合同一经签订，甲方、乙方双方均应严格履行。任何一方违反本合同规定，给对方造成经济损失的，应按有关规定予以对方经济赔偿。

（二）甲方、乙方任何一方未按合同规定的提前日期书面通知对方或通知时间不足的，责任方应当按实际不足天数，以劳动关系存续期间乙方日平均实得工资的五倍为计算标准，给予对方经济赔偿。

十二、劳动争议的处理

甲方、乙方因履行本合同而发生劳动争议时，双方可以通过协商解决。协商解决不成的，双方可以在劳动争议发生之日起 60 日内向甲方所在地劳动仲裁委员会申请仲裁。任何一方不服从仲裁裁决的，可以在收到仲裁决定书 15 日内向甲方所在地人民法院提出诉讼。

十三、其他事项

（一）乙方入司前在原单位所发生的经济纠纷和其他问题与甲方无关，甲方不承担任何责任。

（二）本合同如有未尽事宜，按国家、省人民政府有关法律法规执行。如果合同条款和未尽事宜与相关法律法规相抵触，应当以相关法律法规为准，但本合同其余条款的效力不受影响。

（三）本合同一式两份，甲乙双方各执一份，具有同等法律效力。

（四）本合同只有在合同双方一致同意的情况下，才可以修改，双方另有约定的除外。

（五）本合同解释权属公司人力资源部。甲方各项规章制度及其他纪律均为本合同附件，是合同的有效组成部分。

甲方（盖章）：　　　　　　　　　　　　乙方（签字）：

法定代表人或委托代理人（签章）：

　年　　月　　日　　　　　　　　　　　　　年　　月　　日

声　　明

1. 乙方已阅读并知悉甲方各项规章制度及其他纪律的内容，并同意遵守这些制度；

2. 同意甲方可依据客观情况的变化对上述各项制度的内容进行增加删除或修正等修改；

3. 在甲方告知乙方修改后的各项制度内容后，乙方仍将遵守这些制度。

特此声明。

乙方（签字）：

年　　月　　日

二　集体合同的未来趋势

我国集体合同主要存续于传统国有企业，随着民营经济的快速发展及其在国民经济中所占比重越来越大，集体合同在企业中的使用范围越来越小，原因是民营企业很少订立集体合同，其核心问题是民营企业很少建立具有实质意义的工会组织和职工代表大会，从而缺乏集体合同一方当事人。在我国，工会组织的性质是党领导的职工自愿结合的工人阶级群众组织，是党联系职工群众的桥梁和纽带，是国家政权的重要社会支柱。因此，从法人的性质而言，工会仍是一个"带有私法人代表的公法人"，这一组织在民营企业中很难具有内驱动需要的建立意愿。此外，集体合同往往与工资谈判、怠工、停工、罢工等因素联系在一起，国家对集体合同的现有立法，很难使集体合同在民营企业中真正实行。

然而，随着我国劳动用工的市场化、人口红利的逐渐消失、劳动者市场地位的逐步提升，劳动者有关劳资协商、集体协商的诉求动力愈来愈强，并持续积蓄，这是我国在劳动立法、集体合同立法中绕不过去的问题。集体合同制度将从自上而下的运作方式逐步向工会组织代表劳动者与用人单位进行自主协商的方式转化，工会将成为真正的"私法人性质"，劳资谈判、工会的组成与责任等是我国劳动立法必须面临的问题。可以预见，我国企业尤其是民营企业将面临劳动保障、工资福利成本、劳资平等谈判、集体协商等问题的严峻挑战，这些内容也将成企业人力资源部门最核心的职能工作。

🎓 课后思考

1. 劳动合同的形式有哪些？

2. 劳动合同的内容包括哪些方面？

3. 法律规定的劳动合同有效条件一般包括哪些方面？

4. 劳动合同期限有哪些类型？

第五章

员工离职管理

🎓 学习目标

①认识员工主动离职给组织造成的不利影响，加强企业对员工离职的管理工作。

②了解劳动合同终止的法律义务和劳动合同解除的程序。

③了解裁员的适用条件和法定程序。

随着职场人员流动速度明显增快，员工离职尤其是员工主动离职已经成为企业人力资源管理面临的主要问题之一。高流动率显示出当今社会职场工作者的浮躁心理，同时也表现出企业用人环境的改善空间仍很大。尽管越来越多的企业对于用人环境的优化投入前所未有的热情和资源，但与人们的期望相比仍然差距甚大。从理性的角度看，没有人愿意轻易变换工作，一份新工作意味着巨大的心理压力和不确定性，但事实上，人们正越来越缺乏耐心。

高流动性不仅极大地降低了企业运行的效率，也使企业面临员工离职管理的繁复性。通常，如果企业制度或行为不当，员工在任职期间不便提出异议和发起诉讼，而一旦决定离职，即可主张权利。常见的"历史问题"如下。

①劳动合同未及时签订，合同部分条款不符合法定要求。

②社会保险未按规定如期缴纳，或缴费基数低于法定标准，这种情况已持续多年。

③常被要求延长工作时间或节假日加班，但未支付加班费，或加班费未按法定标准支付。

④带薪长假从来没执行过。

⑤固定期限劳动合同签订两次之后未依法签订无固定期限。

上述事实都可能成为"历史问题"而被离职者提起仲裁和诉讼，而解决这些问题尤其棘手。多数情况下，与员工举行个别协商是多种方案中的首选。对于同样的"历史问题"，与不同离职者的协商结果可能并不一致。

第一节　劳动合同的终止

劳动合同的终止是指劳动合同所确立的劳动关系由于一定法律事实的出现而终结，劳动者与用人单位之间原有的权利和义务不复存在。

一　劳动合同终止的情形

《劳动合同法》第四十四条规定了六种劳动合同终止的情形："（一）劳动合同期满的；（二）劳动者开始依法享受基本养老保险待遇的；（三）劳动者死亡，或者被人民法院宣告死亡或者宣告失踪的；（四）用人单位被依法宣告破产的；（五）用人单位被吊销营业执照、责令关闭、撤销或者用人单位决定提前解散的；（六）法律、行政法规规定的其他情形。"其中，劳动合同期满是最常见和最主要的终止情形。劳动合同期满主要适用于固定期限劳动合同和以完成一定任务为期限的劳动合同情形，劳动合同期满，除依法续订劳动合同的和依法应延期的以外，劳动合同自然终止，双方权利、义务结束。

实践中，通常出现劳动合同期满，劳动者仍在原用人单位工作，用人单位未察觉或未提出异议，应视为新的劳动合同的开始，并应在原合同结束之日起一个月内续订书面劳动合同，否则，用人单位需要承担相关法律责任。因此，用人单位对于劳动合同期限的管理是劳动合同管理的基础性工作，需要专门的人员履行管理职责。

二 劳动合同终止的法律义务

1. 用人单位的义务

（1）支付经济补偿金。劳动合同期满，或用人单位被依法宣告破产的，或用人单位被吊销营业执照、责令关闭、撤销或者用人单位决定提前解散的，按劳动者在本单位工龄，每满一年经费相当于一个月工资的经济补偿金，最多不超过 12 个月。

（2）支付竞业限制补偿费。约定劳动者为保守用人单位商业秘密而在劳动合同终止后一定期间不与该单位进行同业竞争的，用人单位需给予劳动者经济补偿。

（3）缴纳社会保险费用。凡是依法应当由用人单位为劳动者缴纳社会保险费用的，在劳动合同终止时由用人单位负责全部缴足。

（4）出具劳动关系终止证明。用人单位在劳动合同终止的当时或者应劳动者事后请求，应向劳动者出具终止劳动合同的证明书，以证实原劳动关系已经终止。

2. 劳动者的义务

（1）结束并移交事务。劳动合同终止后，劳动者应结束其正在进行的事务，对紧急事务做应急处理，同时，向用人单位办理事务移交手续，移交其保管的财物。

（2）赔偿损失。劳动者有过错的，应当按照法定和约定的要求，向用人单位赔偿因此所受的损失。

（3）继续保守商业秘密。根据竞业限制的协议，劳动者对其在劳动关系存续期间得知的商业秘密，在劳动合同终止后一定期限内继续保密。

第二节　劳动合同的解除

劳动合同的解除常称为提前解除，是劳动争议事件集中爆发的环节之一。尤其是用人单位单方解除劳动者的劳动合同，永远不是一件令人愉快的事，它给员工以挫败感，容易形成对立情绪。因此，用人单位在解除劳动合同的问题上，应保持格外谨慎的态度，尽可能创造公平感。

一 劳动合同解除的含义

劳动合同解除是指劳动合同生效以后，尚未全部履行和合同期限未满以前，当事人一方或双方依法提前终止劳动关系的法律行为。劳动合同解除与劳动合同终止均为消灭劳动法律关系的行为，但两者有着明显的区别：一是劳动合同的终止条件是约定的，而劳动合同的解除是法定的。劳动合同的解除条件不要求当事人双方自行约定，而是由劳动法律规定，只有在出现法律规定的情况时，才允许解除劳动合同。二是劳动合同的终止是劳动合同关系的正常结束，合同解除是劳动合同的提前终止，往往是由于劳动合同制定时所依据的情况发生变化，致使劳动关系无法保持而提前结束。

二　劳动合同解除的类别

1. 协商一致解除

协商一致解除即劳动合同经当事人双方协商一致而解除。法律对这种解除方式一般不规定条件，只要求合同的解除合意在内容、形式和程序上合法即可，无论是劳动者首先提出还是用人单位首先提出解除，只要对方同意，双方达成一致意见，即可解除劳动合同。

2. 用人单位单方解除

用人单位单方解除可分为因劳动者原因合同解除和因用人单位原因劳动合同解除两种。因劳动者原因解除劳动合同时，法律规定用人单位必须根据劳动者的情况区别为主观过错和客观原因，相应分为解除合同前不需预告和需要预告两种。

(1) 不需预告的合同解除。《劳动合同法》第三十九条规定了因劳动者主观过错的合同解除："劳动者有下列情形之一的，用人单位可以解除劳动合同：（一）在试用期间被证明不符合录用条件的；（二）严重违反用人单位的规章制度的；（三）严重失职，营私舞弊，给用人单位造成重大损害的；（四）劳动者同时与其他用人单位建立劳动关系，对完成本单位的工作任务造成严重影响，或者经用人单位提出，拒不改正的；（五）因本法第二十六条第一款第一项规定的情形致使劳动合同无效的；（六）被依法追究刑事责任的。"符合上述六类情形之一的，用人单位一经证实，就可以解除劳动合同，无须提前通知，也不必支付经济补偿。需要指出的是，在试用期间被证明不符合录用条件的合同解除，并不意味着用人单位可随意行使合同解除权，即必须提供劳动者不符合录用条件的证明。实践中，由于录用条件已在招聘过程中得到确认，用人单位很难在录用条件上提供不符合的相关证据，更多以是否胜任岗位工作为标准。

此外，上述规定中何谓"严重违反""严重失职""重大损害"，应由用人单位内部规章制度做出明确规定，法律并无统一解释。因此，用人单位应在内部规章制度中对这些概念和名词做出具体、缜密和可量化的规定和解释，使之具有可操作性。

(2) 需要预告的合同解除。《劳动合同法》第四十条规定了因劳动者客观原因的合同解除："有下列情形之一的，用人单位提前三十日以书面形式通知劳动者本人或者额外支付劳动者一个月工资后，可以解除劳动合同：（一）劳动者患病或者非因工负伤，在规定的医疗期满后不能从事原工作，也不能从事由用人单位另行安排的工作的；（二）劳动者不能胜任工作，经过培训或者调整工作岗位，仍不能胜任工作的；（三）劳动合同订立时所依据的客观情况发生重大变化，致使劳动合同无法履行，经用人单位与劳动者协商，未能就变更劳动合同内容达成协议的。"符合上述三种情形之一的，用人单位可以解除劳动合同，但需履行"预告义务"，并需依法支付经济补偿。

因用人单位原因解除劳动合同，除"劳动合同订立时所依据的客观情况发生重大变化，致使劳动合同无法履行，经用人单位与劳动者协商，未能就变更劳动合同内容达成协议"的情况外，还包括经济性裁员，即用人单位由于生产经营状况发生变化而出现劳动力过剩，导致解除劳动合同。

3. 劳动者单方解除

劳动者单方行使劳动合同解除权，也以用人单位是否有过错为主要依据，可分为需要预告和不需预告两种情形。

《劳动合同法》第三十七条规定："劳动者提前三十日以书面形式通知用人单位，可以解除劳动合同。劳动者在试用期内提前三日通知用人单位，可以解除劳动合同。"

《劳动合同法》第三十八条规定："用人单位有下列情形之一的，劳动者可以解除劳动合同：（一）未按照劳动合同约定提供劳动保护或者劳动条件的；（二）未及时足额支付劳动报酬的；（三）未依法为劳动者缴纳社会保险费的；（四）用人单位的规章制度违反法律、法规的规定，损害劳动者权益的；（五）因本法第二十六条第一款规定的情形致使劳动合同无效的；（六）法律、行政法规规定劳动者可以解除劳动合同的其他情形。用人单位以暴力、威胁或者非法限制人身自由的手段强迫劳动者劳动的，或者用人单位违章指挥、强令冒险作业危及劳动者人身安全的，劳动者可以立即解除劳动合同，不需事先告知用人单位。"

4. 禁止解除

用人单位在因劳动者的客观原因或用人单位的原因解除合同时，还受"不得解除合同"条款的限制。《劳动合同法》第四十二条规定了这些限制："劳动者有下列情形之一的，用人单位不得依照本法第四十条、第四十一条的规定解除劳动合同：（一）从事接触职业病危害作业的劳动者未进行离岗前职业健康检查，或者疑似职业病病人在诊断或者医学观察期间的；（二）在本单位患职业病或者因工负伤并被确认丧失或者部分丧失劳动能力的；（三）患病或者非因工负伤，在规定的医疗期内的；（四）女职工在孕期、产期、哺乳期的；（五）在本单位连续工作满十五年，且距法定退休年龄不足五年的；（六）法律、行政法规规定的其他情形。"需要指出的是，"不得解除合同"的条款对用人单位因劳动者过错原因而解除劳动合同是没有约束力的。如女工在怀孕期间严重违反劳动纪律，用人单位仍可解除劳动合同。

三　劳动合同解除的程序

劳动合同的协议解除，应当由合同当事人双方就合同解除的日期和法律后果依法签订书面协议，然后遵照协议执行。劳动合同的单方解除，应当由用人单位或劳动者提前或即时以书面形式将解除劳动合同的决定通知对方，在裁员时，这种通知的形式为正式公布裁员方案，其中，提前通知的时间按法定时间执行。

值得注意的是，单方预告合同解除，法律规定预告期的意图在于用人单位让被辞退者有预先寻找下一份工作的时间，也包括劳动者让用人单位有预先寻找接任者的时间，同时，法律也允许用人单位以向被辞退者支付与预告期劳动报酬额相等的补偿方式取代预告期，即用人单位在支付此项补偿费的前提下即可辞退劳动者，以尽可能避免预告期间被辞退者在工作过程中实施不利于用人单位的行为。《劳动合同法》第四十条规定用人单位"额外支付劳动者一个月工资后，可以解除劳动合同"，却并未规定劳动者未履行预告期义务的法律后果。现实中，劳动者单方合同解除而不履行预告责任或者不全部履行预告期的现象较普遍，给用人单位的正常工作带来许多负面影响。

此外，当用人单位单方解除劳动合同时，在程序上以什么人通知合同解除或辞退员工也很重要。有调查表明，如果是由被辞退员工的经理而非人力资源部门人员通知他们解除劳动合同的"官方"决定，他们会觉得更公平，在他们看来，这至少不是在进行某种不明真相或内部斗争的阴谋。

第三节　经济性裁员

顾名思义，经济性裁员是因经济性原因导致一次性裁减部分员工，通常是指用人单位由于生产经营状况发生变化而出现劳动力过剩，导致单方解除一部分员工劳动合同的行为。现行法律对于企业裁员设置了非常严格的法定程序，这常常导致用人单位在裁员过程中操作不慎而产生严重的法律后果。因此，正确适用裁员的法律规定，控制裁员过程中的法律风险，是用人单位需要格外谨慎面对的问题。

一　裁员的适用条件

《劳动合同法》规定，用人单位只有符合该法第四十一条规定的才能进行裁员，用人单位裁员的法定条件如下。

（1）用人单位是属于濒临破产进行法定整顿期间，需要裁减人员的。依照《中华人民共和国企业破产法（试行）》，企业因经营管理不善造成严重亏损，不能清偿到期债务的，可以依法宣告破产。对濒临破产企业，允许一定阶段的整顿期（不超过两年）。这些企业裁减人员的，可以解除劳动合同。

（2）用人单位因生产经营状况发生严重困难，确需裁减人员的。用人单位生产经营发生严重困难是随时可能出现的，企业依靠自身力量克服上述困难，就必然涉及裁员问题。

（3）企业转产、重大技术革新或者经营方式调整，经变更劳动合同后，仍需裁减人员的。此项裁员条件的适用有一个前提条件，即用人单位须先与劳动者变更劳动合同，否则也属于违法解除合同。

（4）其他因劳动合同订立时所依据的客观经济情况发生重大变化，致使劳动合同无法履行的。"客观经济情况发生重大变化"一般指发生不可抗力，或出现劳动合同全部或部分无法履行的其他情况，如企业迁移、兼并、分立等。

二 裁员的法定程序

程序合法与公正是用人单位经济性裁员应遵循的重要原则。《劳动合同法》第四十一条对用人单位裁员的程序做出了相关规定。

①提前 30 日向工会或者全体职工说明情况，并提供有关生产经营状况的资料；裁减人员既非职工的过错也非职工本身的原因，且裁员总会给职工在某种程度上造成生活等方面的副作用，为此，裁员前应听取工会或职工的意见。

②提出裁减人员方案，其内容包括被裁减人员名单、裁减时间及实施步骤，以及符合法律、行政法规规定和集体合同约定的被裁减人员的经济补偿办法。

③将裁减人员方案征求工会或者全体职工的意见，并对方案进行修改和完善。

④向当地劳动保障行政部门报告裁减人员方案以及工会或者全体职工的意见，并听取劳动保障行政部门的意见。

⑤由用人单位正式公布裁减人员方案，与被裁减人员办理解除劳动合同手续，按照有关规定向被裁减人员本人支付经济补偿金，并出具裁减人员证明书。

三 优先留用和禁止裁员

现行法律还规定了用人单位在裁减人员时应当优先留用下的人员：与本单位订立较长期限的固定期限劳动合同的；与本单位订立无固定期限劳动合同的；家庭无其他就业人员，有需要扶养的老人或者未成年人的。

用人单位在六个月内重新招用人员的，应当通知被裁减的人员，并在同等条件下优先招用被裁减的人员。此外，法律规定在经济裁员时，符合《劳动合同法》第四十二条规定情形的人员，用人单位不得裁减，具体对象见该法规定。

现实中，一些民营企业因实质性工会组织的缺位，实行经济性裁员时缺乏具有公信力的有组织的协商谈判对象，在具体裁员实施方案的征求意见和协商过程中，缺乏第三方沟通渠道和媒介，所以员工很难形成一致意见。实践中，有些企业采取化整为零、集体协商和个别协商相结合的方式，分别达成裁员意见和经济补偿意见，客观上形成了不公平的状况。

第四节 经济补偿与赔偿

自《劳动合同法》实施以来，因劳动合同终止和解除产生的经济补偿与赔偿被大量应用，使企业用人成本大幅增加。作为一项隐性成本，经济补偿和赔偿费用常常未被纳入企业人工费用的预算系列之中，事实上，这是一项刚性人力成本，附加在每一名员工身上，只要这名员工的劳动合同还在履行过程中，在合同终止或解除之前，这项成本就存续着，属于需要支付而尚未支付的应付项目。比如合同到期自然终止或提前解除合同，均需要支付其每在公司一年至少一个月的当年平均工资，除非员工因其个人原因而非企业过错原因主动辞职。如果存在企业违法解除，则上述费用增加至两倍。

从这个意义上讲，企业需要支付给员工的工资报酬不是每年 12 个月，而是 13 个月，即每年额外存在 1 个月的经济补偿金储备，总额不超过 12 个月，基数不超过当地社会平均工资的 3 倍。当然，这是一种概率事件，并非所有离职员工都需要企业依法支付其经济补偿和赔偿，因为仍有部分员工主动离职而无须企业支付。如以 50％的概率计算，则企业全部员工实际存在半个月的经济补偿成本，企业应当将其纳入每年人力成本的预算。事实上，许多企业也是这么做的。从理论上来说，经济补偿可以被理解为对劳动者在企业工作期间劳动贡献积累的补偿（因此也称遣散费），但显然并不严谨，不能衡量不同劳动者贡献积累的不同。当然，经济补偿也不能理解为失业补偿，因为失业救济属于社会保险和政府的职责范畴。

一 经济补偿

扫一扫

经济补偿

1. 经济补偿的适用范围

《劳动合同法》第四十六条规定了用人单位向劳动者支付经济补偿的适用范围，主要包括以下情形。

①用人单位依照规定向劳动者提出解除劳动合同并与劳动者协商一致解除劳动合同的。

②用人单位未按照劳动合同约定提供劳动保护或者劳动条件的。

③用人单位未及时足额支付劳动报酬的。

④用人单位未依法为劳动者缴纳社会保险费的。

⑤用人单位的规章制度违反法律、法规的规定，损害劳动者权益的。

⑥用人单位因法律规定的情形致使劳动合同无效的。

⑦劳动者患病或者非因工负伤，在规定的医疗期满后不能从事原工作，也不能从事由用人单位另行安排的工作的。

⑧劳动者不能胜任工作，经过培训或者调整工作岗位，仍不能胜任工作的。

⑨劳动合同订立时所依据的客观情况发生重大变化，致使劳动合同无法履行，经用人单位

与劳动者协商，未能就变更劳动合同内容达成协议的。

⑩用人单位依法经济性裁员解除劳动合同的。

⑪除用人单位维持或者提高劳动合同约定条件续订劳动合同，劳动者不同意续订的情形外，合同期满终止固定期限劳动合同的。

⑫用人单位被依法宣告破产，劳动合同终止的。

⑬用人单位被吊销营业执照、责令关闭、撤销或者用人单位决定提前解散的。

⑭法律、行政法规规定解除劳动合同的其他情形。

2. 经济补偿的计算标准

《劳动合同法》规定了经济补偿金的计算标准，即每满一年支付一个月工资，六个月以上不满一年的，按一年计算；不满六个月的，支付半个月工资。

3. 计算经济补偿的工资标准及基数

《劳动合同法实施条例》第二十七条规定："劳动合同法第四十七条规定的经济补偿的月工资按照劳动者应得工资计算，包括计时工资或者计件工资以及奖金、津贴和补贴等货币性收入。"因此，用人单位如果以劳动者的基本工资作为计算基数和标准计算经济补偿，可能引发劳动争议。

《劳动合同法》针对高工资收入者的经济补偿基数在第四十七条做出了规定："劳动者月工资高于用人单位所在直辖市、设区的市级人民政府公布的本地区上年度职工月平均工资三倍的，向其支付经济补偿的标准按职工月平均工资三倍的数额支付，向其支付经济补偿的年限最高不超过十二年。本条所称月工资是指劳动者在劳动合同解除或者终止前十二个月的平均工资。"

值得注意的是，根据现行法规只有两种情况经济补偿不超过十二个月，一是劳动合同当事人协商一致，由用人单位解除劳动合同的；二是劳动者不能胜任工作，经过培训或者调整工作岗位仍不能胜任工作，由用人单位解除劳动合同的。裁员不属于上述规定，其经济补偿并无十二个月工资的限制。

4. 经济补偿中的工作年限和时段

对于经济补偿中工作年限的计算，总的原则是，经济补偿中的工作年限是劳动者在用人单位工作的年限，应从劳动者向该用人单位提供劳动之日起计算，而不能理解为连续几份合同的最后一份合同期限。

①如果由于各种原因，用人单位与劳动者未及时签订劳动合同的，不影响工作年限的计算。

②如果劳动者连续为同一用人单位，但先后签订了几份劳动合同的，工作年限应从劳动者提供劳动之日起连续计算。

③如果劳动者为同一用人单位提供劳动多年，但间隔了一段时间，也先后签订了几份劳动合同，工作年限原则上应从劳动者提供劳动之日起连续计算，已经支付经济补偿的除外。

④对于因用人单位的合并、兼并、合资、性质改变、法人改变名称等原因而改变工作单位

的，其改制前的工作时间可以计算为"在本单位的工作时间"。

⑤《劳动合同法》第九十六条第三款的规定："本法施行之日存续的劳动合同在本法施行后解除或者终止，依照本法第四十六条规定应当支付经济补偿的，经济补偿年限自本法施行之日起计算；本法施行前按照当时有关规定，用人单位应当向劳动者支付经济补偿的，按照当时有关规定执行。"

5. 代通知金

代通知金是指用人单位以额外支付一个月的工资替代提前 30 日预告期的补偿，即用人单位在支付此项补偿费的前提下即可辞退劳动者。需要注意的是，只有符合《劳动合同法》第四十条规定的三种情形，才能支付代通知金，经济性裁员不适用代通知金。

二　经济赔偿

用人单位不符合法定条件、法定程序等规定单方解除或终止劳动合同，构成违法解除行为，劳动者可以要求用人单位支付经济赔偿。经济赔偿的计算标准为经济补偿标准的两倍。经济赔偿是一项成本高昂的处罚性责任规定，并容易引发双方情绪对立，企业应遵循劳动合同解除和终止的法定适用条件和程序，理顺员工劳动关系的基础管理，以防为主，避免经济赔偿事件的发生。

课后思考

1. 劳动合同终止的情形有哪些？
2. 劳动合同终止时，用人单位和劳动者分别应承担哪些义务？
3. 劳动合同解除的基本程序是什么？
4. 用人单位裁员的法定条件有哪些？
5. 什么是经济补偿？什么是经济赔偿？

第六章

保密与竞业限制

①了解与涉密员工签订保密协议是受法律保护的有效保密措施。

②熟悉对企业内部员工泄露和滥用知识产权和商业秘密的控制管理方法。

保密协议

商业秘密一般是指影响企业竞争优势，一旦被他方获悉或使用即给企业利益造成危害的机密资料和商业信息。《中华人民共和国反不正当竞争法》第九条规定："本法所称的商业秘密，是指不为公众所知悉、具有商业价值并经权利人采取相应保密措施的技术信息、经营信息等商业信息。"商业秘密可以分为技术信息和经营信息两大类。技术信息主要包括技术设计、技术样品、质量控制、应用试验、工艺流程、工业配方、化学配方、制作工艺、制作方法、计算机程序等。经营信息主要包括发展规划、竞争方案、管理系统、客户名单、产销策略、财务状况、投融资计划、标书标底、谈判方案等。商业秘密是企业的财产权利，关乎企业的竞争力，除持有人以外的任何人未经许可使用这些信息都将被认为是一种不公平竞争行为和侵权行为。

与涉密员工签订保密协议是企业保护商业秘密的常用方法，也是受法律保护的有效保密措施。《劳动合同法》第二十三条规定："用人单位与劳动者可以在劳动合同中约定保守用人单位的商业秘密和与知识产权相关的保密事项。"因此，企业应充分运用签订保密协议的方法，有效维护自身合法利益和市场竞争优势。

保密协议

一 订立保密协议的人员范围

并非企业内所有岗位人员都需签订保密协议，订立保密协议的岗位与人员范围原则上应包括重要管理岗位、核心技术岗位、商业信息后台岗位等涉密和容易泄密的关键岗位与人员。其具体人员范围如下。

①高中层管理人员，掌握了企业主要的技术信息、经营信息。

②核心技术研发人员，如技术开发和制造项目经理等，掌握了企业核心技术和研发成果。

③主要市场与营销人员，接触和掌握了企业市场竞争策略与客户信息。

④主要 IT 信息平台管理人，集中掌握了企业各类经营信息。

⑤主要供应链管理人员，接触和掌握了市场供应渠道和资源信息。

⑥主要财务、人力资源、制造工艺、质量体系等部门管理人员。

⑦战略部门及董事长办公室、总经理办公室等部门主要人员。

实践中，企业通常在职位说明书中明确其职位是否属于保密岗位，规模性企业一般会系统划定"关键岗位"序列，"关键岗位"人员成为干部管理、保密管理、培训学习、长期激励等管理行为的主要对象。

二　订立保密协议的程序

可以在劳动合同中设计单独的保密协议条款，也可以独立签订保密协议。对于重要的管理岗位和涉密岗位，通常以独立签订专门的保密协议为主要形式。属于保密岗位的新员工在签订劳动合同的同时签订保密协议，岗位调整和职务晋升的员工在上任履职前签订。

三　保密协议的主要内容

保密协议的主要内容包括保密的内容和范围、双方的权利和义务、保密期限、违约责任、争议解决等。一般而言，员工对企业承担保密义务的内容包括保守商业秘密的义务、正确使用商业秘密的义务、获得商业秘密职务成果并及时汇报的义务、不得利用单位的商业秘密成立自己企业的义务、不得利用商业秘密为竞争企业工作的义务等。同时，保密协议、保密条款并不因劳动合同、劳动关系的终止而终止，在员工离职后一定期限内仍然有效。

专栏

×××股份有限公司保密协议

甲方：

乙方：

根据《中华人民共和国计算机软件保护条例》《中华人民共和国著作权法》《中华人民共和国专利法》《中华人民共和国商标法》《中华人民共和国劳动法》《中华人民共和国劳动合同法》《中华人民共和国反不正当竞争法》等有关规定，甲乙双方在平等自愿的基础上，就乙方在甲方工作期间研发、知悉的商业秘密事宜，签订如下协议，双方共同遵守。

第一条　生效时间

自双方劳动关系产生之日起，乙方须对任职期间直接或间接知悉、了解的公司（及客户）保密信息负有保密义务。

第二条　保密条款

1. 自劳动关系产生之日起，乙方须对其工作期间学习到的、收到的、接触到的或甲方向乙方提供的甲方（或其客户）保密信息保密。

2. 保密信息指甲方的经营机密、机密知识和数据及其他保密信息，它包括但不限于如下内容。

（1）计算机软件及其源代码和源程序、算法、手册、文档、发明创造、经营机密、数据、项目、著作、专利、改进措施、技术及其运用方法，以及公司与客户的报价、公司给客户设计的产品相关情况等客户信息。

（2）甲方现有的产品信息和以后公司计划的产品信息。包括但不限于：甲方向乙方提供或乙方通过观察分析信息获得的软件、硬件、信息、专利发明、工程测试数据、产品规格和零件清单、供货商和客户名称。

（3）市场信息。包括但不限于：营销策略、客户名称及相应的要求、产品、服务、价格、利润和成本。

（4）计划。包括但不限于：产品计划、开发计划、营销计划。

（5）甲方提供给乙方的财务信息。

（6）人员信息。包括但不限于：组织结构、人事、工资福利、人员变动信息。

（7）甲方的机要信息。包括但不限于：甲方信息和机密，未公开财务的结果、报告、报表或信息，投资计划，资金计划，业务计划或与业务相关的扩展计划或安排（无论是否有第三方参与），甲方现有的或者正在开发之中的内部流程与管理体系，以及各种重要管理文件、文档、经济合同、甲方合同执行情况、诉讼情况。

（8）乙方收到的其他注明"绝密""机密""秘密"等字样、以任何形式传送、传输、记录或存储的机密信息。包括但不限于：文件、草图、照片、计算机磁盘、计算机网络存储设备、互联网或局域网电子邮件、设计、模型或任何用于存储或记录信息的媒介。

3. 在双方劳动关系期间和结束以后，乙方须对一切保密信息保密（除非乙方日常工作中履行甲方职责的需要），乙方不得在无甲方书面认可情况下使用或泄露任何保密信息或与之相关的信息。

4. 乙方因职务上的需要所持有或保管的一切记录着甲方秘密信息的文件、资料、图表、笔记、报告、信件、传真、磁带、磁盘、仪器以及其他任何形式的载体，均归甲方所有。

乙方应当于离职时，或者于甲方提出请求时，返还全部属于甲方的财物，包括记载着甲方秘密信息的一切载体。但当记录着秘密信息的载体是由乙方自备的，且秘密信息可以从载体上消除或复制出来时，可以由甲方将秘密信息复制到甲方享有所有权的其他载体上，并把原载体上的秘密信息消除。此种情况乙方无须将载体返还，甲方也无须给予乙方经济补偿。载体的内容不能复制时，视为乙方已同意将这些载体物的所有权转让给甲方。甲方应当在乙方返还这些载体时，给予乙方相当于载体本身价值的经济补偿。

5. 对于甲方已经或将从第三方获得的保密信息，乙方有义务为甲方对此信息保密，并且只应在甲方许可的范围内和条件下使用。

除履行职务的需要之外，乙方承诺，未经甲方同意，不得以泄露、告知、公布、发布、出版、传授、转让或者其他任何方式使任何第三方（包括按照保密制度的规定不得知悉该项秘密的甲方其他职员）知悉属于甲方或者虽属于他人但甲方承诺有保密义务的技术秘密或其他商业秘密信息，也不得在履行职务之外使用这些秘密信息。

6. 除非乙方日常工作中履行甲方职责的需要并事先取得甲方书面认可，乙方不得以任何形式复制、转换、或存储保密信息。

上款中的"任何形式"主要包括一切电子存储形式和一切存储记录媒介。包括但不仅限于：磁盘、硬盘、计算机网络存储设备、互联网或局域网电子邮件、磁带。

7. 保密信息被合法公布，乙方的保密责任终止。

8. 甲方的保密规章制度中没有规定或者规定不明确之处，乙方亦应本着谨慎、诚实的态度，采取任何必要、合理的措施，维护其于任职期间知悉或者持有的任何属于甲方或者虽属于第三方但甲方承诺有保密义务的技术秘密或其他商业秘密信息，以保持其机密性。

9. 乙方在为甲方履行职务时，不得擅自使用任何属于他人的技术秘密或其他商业秘密信息，亦不得擅自实施可能侵犯他人知识产权的行为。

10. 对于甲方客户（第三方）相关信息的保密责任，乙方承诺承担甲方客户（第三方）的保密责任与乙方承诺承担甲方上述承诺承担责任一致。

11. 乙方承诺，其在甲方任职期间，非经甲方事先同意，不在与甲方生产、经营同类产品或提供同类服务的其他企业、事业单位、社会团体内担任任何职务，包括股东、合伙人、董事、监事、经理、职员、代理人、顾问等。乙方离职之后一年内仍负有本条的义务。如果双方没有签署这样的单独协议，则甲方不得限制乙方从甲方离职之后的就业、任职范围。

12. 无论乙方因何种原因离职，乙方离职之后仍对其在甲方任职期间接触、知悉的属于甲方或者虽属于第三方但甲方承诺有保密义务的技术秘密和其他商业秘密信息，承担如同任职期间一样的保密义务和不擅自使用有关秘密信息的义务。承担保密义务的期限为保密信息被合法公布（非乙方所公布），乙方的保密责任终止。

第三条　职务工作成果

1. 乙方职务工作成果包括：乙方在劳动关系期间独立或与他人合作创造、构思、实践的任何改进措施、发明、程序、公式、流程、技术、商业机密、专利和数据（无论是否可根据版权或类似法规申请专利或注册）、设计方案、商标以及可申请版权的作品，并符合以下条件。

（1）上述信息在乙方工作范围内，并且与甲方业务或甲方实际（或必将）进行的业务活动有关（或有帮助）。其中的业务活动包括但不限于：研究、设计、开发、试验、生产、融资、制造、授权、分销和营销等活动。

（2）上述信息产生于甲方指派给乙方的任务。

（3）上述信息的获得得到了甲方的资助。

（4）甲方通过拥有、租赁或签约等方式为乙方得到上述信息创造了前提。

2. 职务工作成果是甲方独有的财产，甲方是所有专利、商标和版权的唯一所有者。

甲方有权将任何职务工作成果作为经营机密进行保存。

3. 在与甲方建立劳动关系之前，乙方独立或与他人合作创造、构思或率先付诸实践，并且乙方希望从本协议适用范围中排除的一切发明、发现、开发、改进措施和经营机密，乙方须列出完整清单作为本协议之附件，并保证该清单已列出所有排除项。

如果没有上述清单作为附件，则视作乙方在签订本协议时没有要从本协议适用范围中排除的发明、改进措施等。

第四条 其他公司的保密信息

1. 如果乙方在签订本协议之前已经签订其他要求乙方对所获保密信息或贸易机密保密的协议，乙方须保证其遵守本协议时不会违反其他协议。

甲方从未以书面或口头形式授权乙方违反其以前签订的任何保密信息或经营机密的保密协议。

乙方没有也不可达成任何与本协议冲突的书面或口头协议。

2. 乙方保证，除非乙方已经取得相应的书面授权，乙方没有也不可在履行甲方职责时向甲方提供或使用其现在或以前所在单位或服务对象尚未公布的设备、工具、资料或贸易机密。

3. 如乙方未遵守上述条款而引起纠纷，乙方承担全部责任。

第五条 声明

1. 本协议中所称的任职期间，以乙方与甲方签订的劳动方面的合同（例如但是不限于：正式劳动合同、实习合同、临时劳动合同等一切代表双方劳动关系的合同或协议）的约定工作期间为任职期间。任职期间包括乙方在正常工作时间以外加班的时间，而无论加班场所是否在甲方工作场所内。

2. 本协议中所称的离职，以任何一方明确表示解除聘用关系的时间为准。乙方拒绝领取工资且停止履行职务的行为，视为提出辞职。甲方拒绝发给乙方全部或部分工资的行为，甲方发出解除通知时，视为将乙方解聘。

3. 双方确认，在签署本协议前已仔细审阅过协议的内容，并完全了解协议各条款的法律含义。

4. 本协议自双方签字或盖章完成之日起生效。

5. 本协议如与双方以前的口头或书面协议有抵触，以本协议为准。本协议的修改必须采用双方同意的书面形式。

第六条 违约责任的承担

1. 只要乙方违反本协议的内容，就会对甲方造成损失。甲方有权采取措施阻止乙方违反上述条款或要求乙方停止在未经授权情况下使用和公开保密信息。

因乙方违约造成甲方损失，及甲方为减小乙方违约所造成损失而争取补偿所引起的费用和成本（包括但不仅限于法律费用和成本），甲方有权要求乙方偿付。

甲方还可对上述违约或险些违约采取其他保护措施，包括要求乙方修复损失。

2. 对乙方违反本协议的行为，甲方有权采取内部行政处理措施，扣发工资奖金、给予行政处罚，同时可要求乙方赔偿经济损失。

3. 因乙方原因（原因包括但不限于：乙方泄露甲方客户的相关秘密和知识产权、乙方工作时候泄露其知悉的其他公司秘密和知识产权）而使甲方遭受第三方的侵权指控时，乙方应当承担给甲方造成的损失（损失包括但不限于：赔偿第三方的损失、律师费用、诉讼费用）；甲方因此而承担侵权赔偿责任的，有权向乙方追偿。本条所述损失可以从乙方工资中扣除，不足部分乙方补缴。

　　第七条　争议的解决

　　因本协议而引起的纠纷，如果协商解决不成，任何一方均有权向××市仲裁委员会申请仲裁。

甲方（盖章）：	乙方（签字）：
代理人（签字）：	身份证号码：
签署日期：　　年　月　日	签署日期：　　年　月　日

第二节　竞业限制

　　随着知识产权在国际经济竞争中的作用日益上升以及我国企业自主创新能力的快速发展，对于知识产权和商业秘密的保护成为企业获得和保持核心竞争力的战略性任务。除针对外部竞争力量的专利、商标、版权保护之外，防止企业内部人员对知识智力资源、商业秘密的外泄日显重要。竞业限制是一种防止企业内部员工泄露和滥用知识产权和商业秘密的管理行为。

一　竞业限制的含义

　　竞业限制是用人单位对负有保守用人单位商业秘密的劳动者，在劳动合同、知识产权权利归属协议或技术保密协议中约定的竞业限制条款，即劳动者在终止或解除劳动合同后的一定期限内不得在生产同类产品、经营同类业务或有其他竞争关系的用人单位任职，也不得自己生产与原单位有竞争关系的同类产品或经营同类业务。限制时间由当事人事先约定，但不得超过二年。竞业限制条款在劳动合同中为延迟生效条款，也就是劳动合同的其他条款法律约束力终结后，该条款开始生效。

二　竞业限制协议

1. 法律规定

　　《劳动合同法》第二十三条规定："对负有保密义务的劳动者，用人单位可以在劳动合同或者保密协议中与劳动者约定竞业限制条款，并约定在解除或者终止劳动合同后，在竞业限制期限内按月给予劳动者经济补偿。劳动者违反竞业限制约定的，应当按照约定向用人单位支付违约金。"

第二十四条规定："竞业限制的人员限于用人单位的高级管理人员、高级技术人员和其他负有保密义务的人员。竞业限制的范围、地域、期限由用人单位与劳动者约定，竞业限制的约定不得违反法律、法规的规定。在解除或者终止劳动合同后，前款规定的人员到与本单位生产或者经营同类产品、从事同类业务的有竞争关系的其他用人单位，或者自己开业生产或者经营同类产品、从事同类业务的竞业限制期限，不得超过二年。"

第九十条规定："劳动者违反本法规定解除劳动合同，或者违反劳动合同中约定的保密义务或者竞业限制，给用人单位造成损失的，应当承担赔偿责任。"

上述法律条款规定了竞业限制协议的主体、期限、企业经济补偿责任以及劳动者违约责任等内容。

2. 竞业限制主体

由于竞业限制需要依法支付经济补偿，企业在确定竞业限制的主体范围时会反复斟酌。显然，主体范围不宜过宽，否则既限制了劳动者自主择业的机会，又增加了企业的无谓成本。企业应当选择那些接触、了解或掌握企业核心商业秘密的高级管理人员签订竞业限制协议，以达到保护企业商业秘密和经营利益的目的。

实践中，企业采用竞业限制的主体岗位人员的工资标准相对较高，而经济补偿标准与工资标准密切相关。尽管这些成本与商业秘密泄露造成的损害相比不可同日而语，然而成本因素仍然影响企业采取竞业限制的行为。通常，限于成本的原因，企业将竞业限制的主体范围缩减到最小，一些中小企业甚至并未实施竞业限制，而那些龙头企业和规模性企业采用竞业限制的比例较高，从而获得更大的竞争优势。

3. 经济补偿与违约责任

对于企业来说，给予竞业限制人员的经济补偿是法定义务，而对于受到竞业限制的劳动者，则被极大地限制了自主择业的权利。就企业高级管理人员等受限人员而言，所拥有的经验和技术是其人力资本价值的主要体现，而一旦受到竞业限制，将在市场中部分失去这些价值，丧失正常就业的机会，因此，企业应在竞业限制期间向受限人员支付与其市场价值相符的经济补偿。

现行法律对竞业限制经济补偿的标准和支付方式并未做出明确规定，可由当事人双方自行约定，一些地方法规规定了经济补偿的总额标准，如"企业在竞业限制期间向被限制人年补偿费不得低于该员工离职前一年的报酬总额的1/2"。支付方式为月付、季付、年付或一次支付，可自行约定，因企业原因不按协议约定支付经济补偿金，经被限制人要求仍不支付的，被限制人可以解除竞业限制协议。

竞业限制协议对经济补偿金的标准、支付形式等未做约定的，当事人可以要求企业支付经济补偿金。双方当事人由此发生争议的，可按劳动争议处理程序解决，企业要求被限制人继续履行竞业限制协议的，应当按劳动争议处理机构确认的标准及双方约定的竞业限制期限一次性支付经济补偿金，被限制人应当继续履行竞业限制义务。企业放弃对剩余期限竞业限制要求的，应当按劳动争议处理机构确认的标准支付已经履行部分的经济补偿金。竞业限制协议生效前或者履行期间，企业放弃对被限制人竞业限制的要求，应当提前一个月通知被限制人。

竞业限制协议中还应约定被限制人的违约责任及其承担方式，通常包括一次性支付违约金、赔偿损失、归还违约行为获得的收益等。

 **专　栏**

××× 集团有限公司竞业限制协议

甲方：

乙方：

身份证号码：

甲乙双方根据《中华人民共和国公司法》《中华人民共和国劳动合同法》《中华人民共和国反不正当竞争法》等法律法规，本着平等自愿、协商一致、诚实守信的原则，为保护甲方商业秘密，就乙方竞业限制及保密义务等事项达成如下协议。

一、乙方在甲方工作期间及乙方从甲方离职之日起两年以内，乙方不得在与甲方及甲方关联公司有竞争关系的单位（与甲方及其关联公司直接竞争的单位及其直接或间接参股或控股，或受同一公司控制的单位）内兼职、任职或以任何方式为其服务，也不得自己经营与甲方及甲方关联公司有竞争关系的同类产品或业务。

二、乙方的保密义务包括但不限于：不泄露、不使用、不使他人获得或使用甲方的商业秘密并不得保存有关甲方商业秘密的任何复制件；不传播、不扩散不利于甲方的消息或报道；不直接或间接地劝诱或帮助他人劝诱甲方职员或客户离开甲方。乙方履行本义务，甲方无须给予任何补偿。

三、乙方从甲方离职时，应提前申请甲方确认其离职后的竞业限制义务，甲方如确认乙方有竞业限制的必要，应发给《竞业限制开始通知书》，乙方离职后竞业限制义务开始。甲方如认为乙方无竞业限制必要，即发给《竞业限制终止通知书》，乙方无须承担离职后竞业限制义务。

四、乙方离职时未提出确认申请的，其离职后竞业限制义务自离职后自动开始；竞业限制期内乙方可以向甲方提出竞业限制确认申请，经甲方确认其有竞业限制必要并发给《竞业限制开始通知书》后，乙方可以开始领取甲方支付的竞业限制补偿金，但在此之前的竞业限制补偿金视为乙方自动放弃。

五、乙方到新的单位工作 10 天内，应将新单位名称、其所任职位告诉甲方，并向新单位说明其所负竞业限制义务，取得新单位认可通知并加盖新单位公章。如乙方自己经营的，应将所经营单位的加盖公章的营业执照复制件提供给甲方。

六、甲方如认为乙方无继续履行竞业限制的必要，有权随时通知乙方终止其竞业限制义务，并按乙方提供的地址发出通知，自通知发出（以邮戳为准）后 10 天内，乙方竞业限制义务终止，甲方按乙方承担竞业限制义务的实际时间支付补偿金。

七、乙方离职后的月竞业限制补偿金领取标准为乙方上年度在甲方月平均基本工资的100%，由甲方按季度在季末向其支付。乙方在领取时应先出具当前的任职情况证明，经甲方向乙方所在单位确认。乙方自行经营的，应提供最新的营业执照（副本），经甲方核实确认。乙方逾期未提供任职证明或营业执照的，视为自动放弃当季度的竞业限制补偿金。

八、乙方可与甲方协商解除竞业限制义务，但不得单方面终止自己的竞业限制义务。

九、甲方如不能按期按时支付补偿金，应按同期银行贷款利率承担利息。

十、乙方如违反本协议第一条，应立即与甲方竞争单位脱离关系或停止经营，继续履行本协议，并按违约期间本协议约定的竞业限制补偿金的 2 倍支付违约金。无法确定违约时间长短的，按一年计算。甲方因此而受到的损失大于违约金的，乙方应全额赔偿甲方损失。损失额的计算标准有三条，取最高额。

1. 甲方相关业务因此增大的费用及损失的利润。

2. 竞争单位相关业务因此取得的利润。

3. 自己经营同类产品或业务所获得利润。

十一、乙方违反其他条款的，除应立即停止违约，继续履行本协议之外，应向甲方支付违约金 3000 元，违约金不足以弥补甲方损失的，乙方应按上一条款计算标准赔偿甲方损失。

十二、甲方的商业秘密

1. 可行性研究报告；项目策划方案；项目设计方案及图纸；项目成本、交易价格、利润率、销售策略、方案；与客户、合作伙伴的意向、合同、业务渠道；供货来源、销售渠道、客户名单；财务信息；融资方案、成本及渠道；造价信息。

2. 乙方在受聘期内编制的、使用或持有的、与甲方业务有关的任何文件（包括但不限于所有往来书信、客户名单、笔记、备忘录、计划、设计方案及图纸）均属于甲方所有。乙方须在甲方的要求下在任何时候及在受聘期完结时将上述文件（包括正本与副本）交还甲方。

十三、本协议自双方签章之日起生效。本协议的修改，必须采用双方同意的书面形式。双方确认，已经仔细审阅过内容，并完全了解协议各条款的法律含义。因本协议引起的纠纷，由双方协商解决。如协商不成，则提交×××仲裁委员会仲裁。

甲方（签章）：   委托代表（签字）：

                                        乙方（签字）：

签署日期：   签署日期：

🎓 课后思考

1. 什么是商业秘密？一般包括哪两大类？

2. 企业员工签订的保密协议包括哪些内容？

3. 什么是竞业限制？竞业限制的主体范围是什么？

第七章

劳动争议的预防与处理

学习目标

①了解劳动争议的预防是处理员工关系问题的重要手段。

②了解劳动争议的调节、仲裁与诉讼的内容。

劳动争议即劳动纠纷，是指企业劳动关系的双方主体之间在实现劳动权利和履行劳动义务等方面的争议或纠纷。

劳动争议的内容极其广泛，凡是劳动关系涉及的一切方面都有可能引起劳动争议，这些争议的内容如下。

①涉及劳动合同的执行、解除、变更和终止等问题而发生的争议。

②涉及集体劳动合同的执行、撤销、谈判等问题而发生的争议。

③涉及劳动者的录用、辞退、辞职和工作变动等问题而发生的争议。

④涉及工资、奖金、福利、津贴等问题而发生的争议。

⑤有关就业培训和职业训练等方面问题而发生的争议。

⑥有关社会保险、劳动保护以及女员工、未成年工特殊保护等问题而发生的争议。

⑦有关社会宏观因素和企业外部环境如通货膨胀、失业、社会保障、外国投资、政治因素、税率等问题而发生的争议。

⑧有关工作时间和休息、休假等问题而发生的争议。

⑨有关工作安全和劳动卫生等问题而发生的争议。

⑩有关工会的成立、管理和代表权等问题而发生的争议。

企业劳动争议本质上是双方主体围绕经济利益权利和义务产生的矛盾和争议。在市场经济环境下，我国就业市场从就业不足、人口红利充盈、供需关系供大于求的历史状况，逐渐向"用工荒"、人口红利消失、供需关系供小于求的现状转变，劳动者拥有更多的工作选择权，对维护自身权益尤其是经济利益有了坚定的需求。

第一节　劳动争议的预防

争议事件，尤其是群体争议事件破坏组织氛围，损害员工的满意度，消耗管理资源与成本，复杂地影响内部人际关系，使企业和个人都处于紧张的情绪当中。从内部来看，管理者缺乏对现行法律的了解和理解，对劳动关系管理重视不足，对法律后果意识不强，制度体系不健全，程序随意而紊乱，法律证据缺失，直线经理缺乏劳动法律知识，管理粗放与粗暴，等等，都是滋生和引发劳动纠纷的主要原因。

劳动争议应以预防为主，严谨细致和执行有力的争议预防管理，使管理成本和财务成本最小化。管理者需要重点考虑的不是如何处理劳动争议或打赢一场官司，而是如何防患于未然，消除隐患，堵塞漏洞，遏制劳动争议事件的发生，从而营造良好的组织文化和氛围，促进企业竞争力的保持与提高。

一　意识预防

意识决定行为。意识预防是最顶层的预防方法，如果企业最高管理者和人力资源部门管理人员缺乏一定的劳动法律意识，对劳动关系的复杂性及其可能出现的法律后果认识不足，重视程度不够，对于新的法律环境理解不深，或接受程度不高，则容易发生劳动争议。

一名具有丰富劳动关系管理经验的人力资源负责人，是一家企业有效防患和避免劳动争议非正常发生的"防火墙"。通常，他懂得如何影响最高决策层牢固树立劳动关系管理意识和劳动法律意识，准确预测劳动关系问题可能产生的法律后果，严谨而细致地设计制度体系和流程体系，并向直线经理输出劳动关系管理方法和法律意识，在制度执行和关键程序上坚决而不妥协。

可以预见，这些严谨而具有系统思维的直线经理，会帮助企业规避很多劳动法律风险，节省显性和隐性的财务成本和管理成本，营造出安静、和谐的组织氛围，他们的系统思维和防微杜渐的考量，行于无形之中，为企业创造宝贵的公平感和极高的潜在价值。

二　知识预防

知识预防是指管理者，尤其是人力资源管理人员和各级直线经理，通过系统学习和掌握现行劳动法律知识与劳动关系管理技能，达到预防劳动争议的效果，将争议隐患消灭于萌芽状态。在规模性企业中，由于经营区域广泛而分散，地域劳动政策和职业文化存在差异，管理者法律素质参差不齐，如果缺乏系统的内部培训和学习，在日常管理行为中容易触犯法律规定，导致劳动争议的发生。

企业内部法律知识的学习，理所当然也包括向优秀企业学习借鉴成熟和成功的经验和做法，许多企业的现行做法可能是一些员工关系管理获得教训后的总结和优化，具有现实的指导意义。人力资源部门应善于积极参与企业间的横向交流和学习，"他山之石，可以攻玉"，结合所在企业的实际情况，分析差距和问题，持续进行改善和优化，达到预防劳动争议的目的。

三　制度预防

制度预防是最根本的预防基础。系统严谨的制度体系，不仅使劳动关系管理和行为有章可循、有据可依，更能够创造组织内部的公平感，提高员工的满意度。制度建设是一项动态的系统工程，在涉及员工劳动关系问题上，种类繁多的各项制度之间应互为逻辑，互不冲突，互为补充，并随着国家法律法规、地方劳动政策的变化及时更新。通常，下列与劳动关系相关的管理制度是预防劳动争议的主要制度内容。

①《劳动合同管理办法》，涉及劳动合同的履行、解除、变更和终止等问题的执行标准与程序。

②《集体合同的管理办法》，涉及集体劳动合同的履行、撤销、谈判等问题的执行标准与程序。

③《招聘管理规定》和《工作调配管理办法》，涉及员工录用、工作变动等问题的职责、执行标准与程序。

④《薪酬管理办法》，涉及员工工资、奖金、福利、津贴等问题的职责、执行标准与程序。

⑤《绩效管理办法》，涉及员工绩效评估、绩效工资、工作胜任评价、调整岗位等问题的职责、执行标准与程序。

⑥《培训管理办法》，涉及员工有关入职培训、职业训练、转岗培训、专项培训等方面问题的职责、执行标准与程序。

⑦《考勤管理办法》，涉及工作时间和休息、休假等问题的执行标准与程序。

⑧《员工奖惩办法》，涉及员工奖励和处罚等问题的执行标准与程序。

⑨《员工社会保险与安全管理办法》，涉及员工社会保险、工作安全、劳动保护以及女员工、未成年工特殊保护等问题的执行标准与程序。

⑩《工会条例》和《职工代表大会条例》，涉及有关工会和职工代表大会的成立、管理和代表权等问题的执行标准与程序。

⑪《保密规定》和《竞业限制规定》，涉及员工保密和竞业限制等问题的执行标准与程序。

⑫《员工文明行为规范》，涉及员工行为规范、约束及处罚等问题的执行标准与程序。

⑬《员工手册》，涉及员工入职、劳动合同、请休假、考勤、奖罚等综合问题的执行标准与程序，与上述各项管理制度互为补充。

以上制度体系大量涉及劳动关系内容，是劳动争议和劳动关系冲突的主要因素来源。制度体系如果规范合法，系统严密，可操作性强并获得严格执行，则将有效地防范劳动争议的发生。相反，如果体系不健全，互为矛盾，操作性不强，甚至与法律法规和劳动政策相冲突，则为滋生劳动争议提供了温床。

四　程序预防

程序预防是指在劳动关系管理过程中，通过制定和履行符合法定要求的内部规则程序和工作流程，达到预防劳动争议的目的。程序合法与公正，是实现劳动关系双方权利和义务合法性的重要组成部分，也是创造组织内部公平的重要因素。

1. 签订程序

签订程序包括合同、协议等文件的签字、签章，也包括收到、收阅、收悉有关物件、文件、电子邮件，参加有关会议、活动的签到等签名、签章证明手续。这些手续都将作为档案资料保存起来，作为已经同意、接受、知悉、收到、参加、阅读等行为的证据。要防止不规范的代签、代阅、代收等行为，如果当事人不能亲力所为，应由其出具有关委托书，委托其指定人代行，并将委托书合并保存。在劳动关系履行过程中，上述需要当事人签字的行为事项甚多，现实中因为签订程序未严格执行，或因代签、伪签等现象而导致的劳动争议案件屡见不鲜。

2. 书面程序

书面程序是指以书面的方式而非口头的方式实行某种行为的程序，包括告知、通知、证明、回复等。在劳动关系履行过程中，许多书面程序是法定要求，如劳动合同、保密协议、竞业限制协议、培训协议、书面通知等，必须履行书面程序才能确定为法定程序完成。

随着"无纸化"和网络办公的发展趋势，电子书面方式越来越普遍，如电子邮件、即时交互系统留言（如QQ、微信留言）、OA系统、短信、手机拍照等电子商务方式，交流更加快捷。但同时也存在档案保存的困难和问题，尤其是即时交互系统存在一定的随意性和非正式性，容易丢失，因此，应当保留部分正式的纸质书面方式，以便整理和归档，更具有长期性和方便查阅。

书面程序是一个企业和组织成熟的标志之一。各种行为指令、申请汇报，以书面形式传递，体现了组织的运行效率和秩序化，也反映出组织内群体的职业化程度以及处理问题的正式性，同时，在劳动关系管理上，呈现了可供查寻的行为证据，是预防劳动争议的重要方式。

3. 告知程序

在劳动关系日常管理过程中，许多告知程序是法定程序，实现告知程序是履行法定义务，未履行告知则可能导致违法。比如内部管理制度告知、劳动合同终止和解除预告、竞业限制履行和撤销告知与预告、绩效考核结果告知、调整岗位告知、处罚告知等。告知应采用书面方式，并保存被告知人或被委托人收到、知悉、阅读、参加的签名证明，如果不能当面送达，应以邮件或电子邮件寄送或传送，同时保存相关寄传证据。

在公示栏中的公告、公示、通知也是一种告知程序，且成本较低，但需要有考勤记录证明其处于出勤状态，完全能够或可能阅看公示内容，或在公示文件上签名（如果公告栏覆盖的员工数量不大的话）。告知既是法律程序，也体现了组织内的相互尊重。相互告知和尊重是友好协商的基础，在告知充分和真实意图表达清楚的前提下，双方在面对新的情况变化和行为决定容易达成谅解，在协商基础上达成一致，劳动争议能够及时化解。

4. 声明程序

声明是一种公开和正式的表态与说明，通常用于员工，表明声明者已经同意、接受、知悉、收到有关文件、事项或参加有关会议和活动，或者声明本人提供的所有证件和信息资料真实有效，从而确证对方已经履行有关告知、解释的法律程序和义务，声明者对相关内容和决定并无异议，或对所提交的信息资料的真实性负责。声明也是一种成本较低、效率较高的履行法定告知程序和义务的方法，并确证了双方对有关内容理解上的一致和对此无异议的态度。实践中，常用于劳动合同、有关协议的附件、员工应聘和入职时所填写的个人信息登记表单，也用于员工全面了解企业各项管理制度和规定后的表态与说明，以避免在每项制度文件上签字认证。

通常，声明由企业人力资源部门事先拟定内容和格式，员工在声明文件上签字即完成声明程序。值得注意的是，企业拟定的声明内容应客观公正，实事求是，不具有强制意味，或未完成有关程序而暗示员工声明已完成，匆匆走过场，有名义而无实质，不能表达声明者的真实意愿，引起员工反感，在法律上也经不起推敲。员工也有理由拒绝签署不符合事实和自身真实意愿的声明书。

5. 协商程序

协商程序是劳动关系当事人双方出现利益争议和矛盾而进行平等协商的程序。协商应当是解决劳动争议和矛盾的最好途径和方法，也是进入仲裁程序和诉讼程序之前的必要程序。真诚协商把风险和影响控制到最小，对于营造企业良好的组织氛围和树立劳动者良好的职业口碑都有益处。

平等尊重和相互妥协是协商和谈判过程中的重要原则，也是协商双方智慧的体现。实践中，企业代表应更加注意对员工的尊重和理解，避免强势粗暴，以势压人；而员工方则不宜斤斤计较或动辄要挟。事实上绝大部分争议和矛盾可通过协商解决，进入司法程序会消耗双方更大的资源和成本，并造成难以预料的负面影响。

6. 发放程序

发放程序是指企业发放有关物件、文件资料、工资奖金的程序。比如制度文件发放有记录、有签收，工资发放有工资条或短信通知，物件领用有登记记录，都是避免有关争议的重要方式。其中，工资发放是表明劳动关系履行的重要证据，在其他证明材料缺失或不全的情况下，工资发放是可供证明的事实劳动关系依据。

随着电子金融手段的快速发展，传统的以现金货币发放工资的方式运用越来越少，但同时也省略了工资条发放和工资领取人签字的程序，尽管存在银行发放工资的金融记录，但也出现了员工改名、账户变更等信息不对称的情况，从而带来管理隐患。因放弃工资条发放而导致员工对具体工资信息不清晰，包括弹性的绩效工资、奖金、个人所得税、社保个人缴纳部分等表达不明，不仅影响对员工的激励作用，也存在一定的争议隐患。

五　证据预防

证据预防是指在劳动关系管理过程中，将有关管理程序和行为形成必要的证据并加以保存，以达到预防劳动争议的目的。原始证据是最有证明力的法律依据，证据的采集、保存和运用是预防劳动争议的重要手段。通常企业和员工需要采集和保存的证据主要包括以下内容。

1. 员工证据

（1）员工个人信息资料及有关证件。包含个人身份证明、学历学位证明、职称技能等级证明、健康证明、生育证明、离职证明、应聘登记表、员工个人信息登记表、获奖证明、任职证明等。

（2）员工签字证明。包含员工所有同意、接受、知悉、收到、阅读有关文件、事项或参加有关会议和活动的签字或委托签字证明。

（3）员工书面回复证明。包含员工书面递交或邮寄的文字材料以及发送的电子邮件、OA系统电子文件等。

（4）员工声明书证明。包含由员工或其委托人签署的各类声明文件。

（5）合同与协议文件。包括经双方签署的劳动合同书、培训协议、保密协议、竞业限制协议的原件和复印件等。

2. 企业证据

（1）录用通知。涉及企业录用决定、薪酬待遇标准、任职岗位、到岗时间等的证明。

（2）制度文件。涉及企业所有规章制度和公开发布的文件资料。

（3）任免通知。涉及企业对员工本人的任免文件资料。

（4）奖惩通知。涉及企业对员工本人的奖励和处罚文件资料。

（5）书面回复。涉及企业对员工有关请求、报告、汇报的回复文件资料。

（6）合同与协议。涉及经双方签署的劳动合同书、培训协议、保密协议、竞业限制协议的原件或复印件等。

六　管理者预防

管理者预防是指依据管理者个体或群体的知识、能力、经验、智慧、领导力、影响力以及权力因素或非权力因素，在日常管理过程和团队合作中预防劳动争议的发生。毋庸置疑，管理者本身尤其是部门经理或直线经理是团队建设、文化建设、组织氛围、和谐劳动关系的关键要素，也是预防劳动争议至关重要的条件。有调查表明，70％以上的员工离职与其直接主管有关，优秀的团队领导不仅是创造优秀团队和优秀业绩的首要因素，更是美好的组织氛围、和谐的员工关系的塑造者。

直线管理者距离员工最近，对员工的心态、诉求和情绪了解最清，理解也最为透彻，对员工具有极大的影响力。与此同时，直线管理者的管理方式和行为代表了企业的意志和倾向，其错误的行为和方法也可能被理解为企业的意图和倾向，如果劳动关系出现冲突，则极容易演变为员工与企业的冲突和矛盾。影响一名直线经理对劳动关系管理和组织氛围构建的主要因素包括但不限于以下方面。

1. 管理者的职业素养

管理者内化和外化的职业素养影响着下属员工的行为，它意味着内心尊重、公平、礼貌、包容、责任感、职业价值以及与情绪无关的职业热情等。管理者良好的职业素养以其显著的示范性，有效简化了管理问题和员工关系问题。在管理者构建的职业化氛围下，人们知道如何控制自己的情绪，不拘泥于一时一事的得失，在组织目标与个人目标的驱动下前行。

许多劳动争议因久蓄而发，因小蓄而大，甚至并非源于事件本身，而只是员工情绪的发泄或者是需要"讨一个公道"。优秀的管理者善于观察和捕捉这些细节，究其根源与成因，加以疏导解释、纠正安抚，使问题及时化解，避免因小积大和积蓄争议隐患。

2. 管理者的法律素养

毫无疑问，管理者所拥有的法律知识与意识影响着所辖团队劳动关系管理的质量。大量的劳动关系法定程序由管理者履行或由其主持完成，他也是程序证据的参与者和保存者，是企业劳动管理制度的执行者和反馈者。

3. 管理者的系统思维

系统思维是管理者的重要素质之一。他应当懂得事物都是相互联系和具有两面性的，他在做出决定和解决问题的时候，懂得全部与局部、个体与群体、内部与外部的关系；他在出台一项管理措施的时候，懂得有其正面意义也有消极的一面，他了解消极一面的后果并有控制的方法。在员工关系问题上，他懂得任用与解除、奖励与处罚对组织的潜在影响。总之，管理者的系统思维在员工劳动关系管理上，对于防范管理和法律漏洞、杜绝遗留问题、理顺员工关系具有极其重要的帮助。

4. 管理者的公平习惯

管理者的公平习惯将极大地影响团队和员工的公平感。公平是团队和员工最基本的需要，也是最重要的诉求，人们正生活在"不患贫患不公"的观念当中，即便得到的最少，但只要是公平的，人们也可以接受事实。管理者的公平习惯体现在一贯强烈的公平意识和公正的管理行为上，他对所有团队成员一视同仁，在处理内部矛盾和分配上公正公平，实事求是，令人信服。不少员工离职和劳动争议因缺少公平性和公平感而生，员工提出劳动争议，其实质是为了获得个人的公平感。相反，在一个公平公正的团队环境中，企业即便有一些不当之处，员工也很容易给予包容和谅解，在纠错之后不容易发生劳动争议。

5. 管理者的非权力因素

管理者的非权力因素是指管理者的人格魅力、道德品质、智商情商、知识水平、价值观等非权力影响力和威望，其影响力、感召力、吸引力往往比权力性因素更加广泛而持久，具有更大的力量。在员工关系管理问题上，管理者的非权力性因素能使员工产生发自内心的尊敬、信赖，是劳动关系稳定、和谐的重要保障。具有非权力影响力的管理者，其管理的团队一般都具有良好的员工关系状态。

第二节 劳动争议的调解与仲裁

一 劳动争议调解

劳动争议调解是指企业劳动争议调解委员会或外部调解组织对企业与劳动者之间发生的劳动争议，依照有关劳动法律法规，以事实为基础，推动双方协商、消除纷争的一种活动。《劳动争议调解仲裁法》第十条规定："发生劳动争议，当事人可以到下列调解组织申请调解：（一）企业劳动争议调解委员会；（二）依法设立的基层人民调解组织；（三）在乡镇、街道设立的具有劳动争议调解职能的组织。"

企业调解委员会主持的调解是把劳动争议解决在内部的一种调解方式。目前，我国国有企业一般都建立了以工会为依托的企业劳动争议调解委员会，但在不少非公有制企业，调解机制尚难建立和健全。其主要原因在于调解委员会的公信力和独立性难以树立，通常会被员工看作企业意志的附庸，缺乏具有第三方独立意志的公正性。

尽管如此，在规模性非国有企业中，由员工民主选举产生的，由具有非权力影响力的员工代表（或工会代表）和企业代表组成的调解委员会，对于促进劳动争议双方的和解、推动双方互谅互让、达成谅解协议，仍然具有重要的现实意义。

1. 劳动争议调解的作用

争议调解是解决劳动争议和矛盾的前置程序，其作用主要体现在以下几点。

①以内部调解方式妥善解决企业内部问题，可以减少双方资源和成本的消耗，最大限度地减轻矛盾争议的负面影响，如果调解成功，双方就可达成和解，从而改变双方提起仲裁或诉讼意愿，使成本最小化。

②通过争议调解渠道，增加了双方平等沟通和协商的机会，双方坐下来坦诚面对争议问题，消除误解，澄清事实，相互理解和体谅，有利于矛盾缓解。

③争议调解具有缓冲事态恶性发展的作用，使双方都更加理性和冷静，缓解事态激烈的程度，争取更多的和解时间。

④通过争议调解并获得成功，有利于增强双方的信任感和组织的凝聚力，提高员工的忠诚度，减少非正常的员工流失。

⑤在调解过程中，反映和暴露企业在劳动关系管理上的问题，有利于及时做出调整和改进，防止类似事件重复发生。

2. 劳动争议调解的程序与期限

劳动争议调解的基本程序包括调解申请受理、调查核实、召开调解会议、听取双方陈述、公正调解。调解达成和解和协议的，应拟定、签订调解协议书；调解不成的，应做好记录归档备查。

劳动争议调解的期限，是指自劳动争议调解组织收到调解申请之日起十五日内未达成调解协议的，当事人可以依法申请仲裁。期限的规定是为了保证劳动争议得到及时处理，避免久拖不决，影响法律时效。

二　劳动争议仲裁

劳动争议仲裁是指由劳动争议仲裁委员会对当事人申请仲裁的劳动争议居中公断与裁决。在我国，劳动仲裁是劳动争议当事人向人民法院提起诉讼的必经程序。按照《劳动争议调解仲裁法》规定，提起劳动仲裁的一方应在劳动争议发生之日起一年内向劳动争议仲裁委员会提出书面申请。除非当事人是因不可抗力或有其他正当理由，否则超过法律规定的申请仲裁时效的，仲裁委员会不予受理。

1. 劳动争议仲裁的受理范围

用人单位和劳动者发生以下劳动争议可以申请劳动仲裁。

①因确认劳动关系发生的争议。

②因订立、履行、变更、解除和终止劳动合同发生的争议。

③因除名、辞退和辞职、离职发生的争议。

④因工作时间、休息休假、社会保险、福利、培训以及劳动保护发生的争议。

⑤因劳动报酬、工伤医疗费、经济补偿或者赔偿金等发生的争议。

⑥法律、法规规定的其他劳动争议。

2. 劳动争议仲裁的程序

（1）当事人申请。争议发生后一年内由当事人提出书面仲裁申请，递交仲裁申诉书，仲裁申请书应当载明下列事项：劳动者的姓名、性别、年龄、职业、工作单位和住所，用人单位的名称、地址和法定代表人或者主要负责人的姓名、职务；仲裁请求和所根据的事实、理由；证据和证据来源、证人姓名和住所。书写仲裁申请确有困难的，可以口头申请，由劳动争议仲裁委员会记入笔录，并告知对方当事人。

（2）仲裁受理。劳动争议仲裁委员会收到仲裁申请之日起五日内做出是否受理的决定，认为符合受理条件的，应当受理，并通知申请人；认为不符合受理条件的，应当书面通知申请人不予受理，并说明理由。

（3）仲裁前准备。劳动争议仲裁委员会受理仲裁申请后，应当在五日内将仲裁申请书副本送达被申请人。被申请人收到仲裁申请书副本后，应当在十日内向劳动争议仲裁委员会提交答辩书。劳动争议仲裁委员会收到答辩书后，应当在五日内将答辩书副本送达申请人。被申请人未提交答辩书的，不影响仲裁程序的进行。

（4）仲裁开庭。仲裁庭应当在开庭五日前，将开庭日期、地点书面通知双方当事人。当事人在仲裁过程中进行质证、辩论和陈述。

（5）调解。仲裁庭在做出裁决前，应当先行调解。调解达成协议的，仲裁庭应当制作调解书。调解书经双方当事人签收后，发生法律效力。

（6）裁决。调解不成，仲裁庭做出裁决。

3. 现行仲裁法律的重大变化

现行的《劳动争议调解仲裁法》做出了许多保护劳动者的规定，加大了对用人单位的约束，使劳动仲裁申请成为零成本，并变得更加快捷。

（1）对部分劳动争议仲裁案件实行"一裁终局"。实行"一裁终局"的案件包括：追索劳动报酬、工伤医疗费、经济补偿或者赔偿金，不超过当地月最低工资标准十二个月金额的争议；因执行国家的劳动标准在工作时间、休息休假、社会保险等方面发生的争议。

（2）延长申请劳动争议的时效。由《劳动法》规定的申请时效六十天改为一年，为劳动者维护权益留足了时间。

（3）缩短了仲裁审理的期限。《劳动争议调解仲裁法》第四十三条规定："仲裁庭裁决劳动争议案件，应当自劳动争议仲裁委员会受理仲裁申请之日起四十五日内结束。案情复杂需要延期的，经劳动争议仲裁委员会主任批准，可以延期并书面通知当事人，但是延长期限不得超过十五日。"

（4）加大了用人单位的举证责任。《劳动争议调解仲裁法》第六条规定："发生劳动争议，当事人对自己提出的主张，有责任提供证据。与争议事项有关的证据属于用人单位掌握管理的，用人单位应当提供；用人单位不提供的，应当承担不利后果。"

（5）对部分事实已经清楚的案件可先行裁决。

（6）对劳动仲裁不收费。《劳动争议调解仲裁法》第五十三条规定劳动争议仲裁不收费，使劳动仲裁成为零成本，大大提高了劳动者实行劳动仲裁的意愿。

劳动争议的诉讼

第三节　劳动争议的诉讼

劳动争议的诉讼，是指劳动争议当事人不服劳动争议仲裁委员会的裁决，在规定的期限内向人民法院起诉，法院依法受理后，依法对劳动争议案件进行审理的活动。此外，劳动争议的诉讼，还包括当事人一方不履行仲裁委员会已发生法律效力的裁决书或调解书，另一方当事人申请法院强制执行的活动。劳动争议诉讼是解决劳动争议的最终程序，法院审理劳动争议案件适用《中华人民共和国民事诉讼法》所规定的诉讼程序。

一　劳动争议诉讼的成因及其主要内容

劳动争议的成因主要包括两个来源，即用人单位原因和劳动者原因。有关争议诉讼主要内容的分析，将有利于企业掌握容易产生劳动争议的主要问题和环节，以及劳动者的主要诉求和存在的主要法律问题，针对性采取对策和措施，防范劳动争议案件的发生。

1. 用人单位原因

具体体现为违法用工与管理失范，主要内容表现为以下几点。

（1）未及时、足额支付劳动报酬。在各种类型的劳动争议案件中，因劳动报酬引发的纠纷数量居于首位，其中，又以劳动者主张加班工资的纠纷最为多见。尽管有的案件系因劳动者对加班存在曲解而引起，有的劳动者因为对加班事实无法举证或举证不充分而无法得到支持，但大部分案件中，用人单位均不同程度地存在拖欠或者少付劳动者加班工资的情况。这反映出用人单位在安排劳动者超时工作时，未依法计算并支付相应加班工资的情况较为普遍，部分用人单位甚至利用行政部门批复的不定时工作制岗位安排劳动者超长时间工作，而规避支付加班工资或安排调休的法定义务。

（2）未依法缴纳社会保险费。用人单位应当依法为劳动者缴纳社会保险费，但部分用人单位一味追求低人力成本，逃避缴费义务。此类纠纷产生的原因主要有：一是用人单位与劳动者曾口头约定，由用人单位以支付现金方式作为补贴而不为劳动者缴纳社会保险费，事后因单位未履行口头协议或者劳动者要求单位依法为其缴纳社保费而涉诉；二是用人单位以较低的缴费基数为劳动者缴纳社会保险费，劳动者要求按实际工资基数补缴；三是部分小型企业直接逃避法定义务，不为劳动者缴纳社会保险，劳动者发现后要求补缴。

（3）未签订书面劳动合同。用人单位与劳动者建立劳动关系应当签订书面劳动合同，但实践中未签订书面劳动合同的情形仍时有发生。法院在处理这类案件时会重点审查未签订劳动合同的原因，如果系单位原因导致未签订合同的，则单位应支付双倍工资；如单位已尽到诚实磋商义务，而因不可抗力、意外情况或者劳动者无故拖延或拒绝签订等原因导致合同未签订，则单位无须支付双倍工资。

（4）劳动合同管理不规范。部分用人单位在对劳动合同的签订、保管等环节存在疏漏亦是产生纠纷的原因之一，具体表现为劳动者签字笔迹与本人不符、合同保管不善等管理现象。

（5）劳动合同内容约定不明确。法律规定用人单位在与劳动者签订劳动合同时应当明确约定工作内容、工作时间、工作地点、劳动报酬等事项。但实践中，一些用人单位在与劳动者签订合同时，对工资的具体组成约定不明，甚至没有工资数额的约定。对于工作时间的安排（如固定的做五休二，或每周有固定的延时加班等情况），用人单位仅口头告知劳动者工资中含有加班费，但双方在合同条款中对"加班工资"未予明确约定，导致发生争议后，双方对工作时间、工资数额分歧较大，难以协商解决。

（6）劳动合同到期终止未支付经济补偿。《劳动合同法》规定，劳动合同到期终止，除用人单位维持或者提高劳动合同约定条件续订劳动合同，劳动者不同意续订的情形外，用人单位应当向劳动者支付经济补偿。部分用人单位由于对法律不了解，认为合同到期终止不必支付经济补偿，由此引发纠纷。

（7）违法解除劳动合同。法律规定用人单位与劳动者均有权单方解除劳动关系，但亦对其适用条件做了相关限制。尤其对用人单位而言，须严格适用法定解除的实体与程序条件，以避免承担违法解除的双倍赔偿责任或被判决恢复劳动关系。此类案件中，用人单位的违法解除行为主要集中在：解除劳动合同依据不充分、调动岗位未协商一致而强行解除、错误适用《劳动合同法》第四十条规定解除劳动合同、解除尚处医疗期的职工等。此外，虽然法律对用人单位在具备解除劳动关系的条件下，仅因解除前未征询工会意见的行为是否存在程序瑕疵未予明确，但从规范企业用工制度、依法行使单方解除权的角度看，用人单位在做出单方解除行为时，宜先征询工会意见，以确保解除程序没有瑕疵。

（8）制定规章制度程序存瑕疵。合法有效的规章制度可以作为处理劳动争议的依据。这里的"合法"，不仅要求规章制度的内容符合法律、法规及政策的规定，还要求在规章制度制定过程中满足民主、公示等程序性要件。实践中，一些用人单位存在重实体、轻程序的问题，认为只要制定的规章制度内容合法即可，而对于制定过程未给予充分重视。实例中，有的单位制定规章制度未经职工代表大会或全体职工讨论，也未与工会或职工代表平等协商，而仅由用人单位领导层讨论制定；有的虽然通过合法程序制定出台，但未能向劳动者一方有效送达或者公示；有的甚至在发生劳动争议后，再事后补充制定相关规章制度。上述情形下，即使用人单位制定的规章制度内容合法规范，亦难以作为其处分劳动者违纪行为的依据。当劳动者不服单位处分而起诉时，用人单位就遭遇败诉的结果。究其原因，就在于用人单位未能对其制定规章制度的程序合法性予以有效证明，故其对违纪劳动者的处分即成为"无源之水"，无法在法律上得到支持。因此，用人单位在制定规章制度时应充分重视程序合法性问题，从而切实维护好自身与劳动者双方的合法权益。

（9）利用劳务派遣规避用工责任。劳务派遣是一种比较常见的企业用工形式，《劳动合同法》对此做了较为详细的规定。但部分用人单位利用劳务派遣制度规避法定用工责任，由此导致纠纷。此类案件数量占劳动争议收案总数的 10% 左右。其中的违规行为主要有：一是劳务派遣单位将原来的员工"包装"转换成劳务派遣工继续使用，工作岗位与工作内容却不发生任何变化，以此逃避劳动法上的义务；二是欺骗劳动者签订劳务派遣协议，欺瞒劳动者的劳务派遣身份；三是劳务派遣单位内部管理混乱，为少缴社会保险费而将劳动者推至其他劳务派遣单位再作派遣；四是用工单位随意退回劳动者，使劳动者就业的稳定性和就业质量下降，面临可能随时失去工作岗位的风险。一旦发生纠纷，劳务派遣单位与实际用工单位又相互推诿责任，使劳动者的合法权益无法得到保障。劳务派遣成为一部分单位降低用工成本，推卸责任的工具。

2. 劳动者原因

具体体现为劳动者诚信缺失与维权不当，主要内容表现为以下几点。

（1）伪造身份、学历证明应聘就业。部分劳动者为达到就业目的，以伪造身份、学历证明，虚构工作经历，或者借用、冒用他人身份证件等方式参加求职应聘，用人单位发现其不诚信行为后，提出解除劳动关系而引发争议。

（2）故意不签订劳动合同。为规范用人单位的用工行为，保障劳动者的合法权益，《劳动合同法》规定用人单位与劳动者建立劳动关系应当签订书面劳动合同。在新修订的《劳动合同法》实施前，一些用人单位大批下发劳动合同文本，有的劳动者签好后将合同交还给了单位，但有些劳动者对劳动合同的条款没有异议却故意拖延不签，不上交合同或者直接将空白合同交还给单位，然后据此主张未签订劳动合同期间的双倍工资；或是劳动者借与用人单位就签订无固定期限劳动合同进行协商之际，不断提出无理要求，不肯签订劳动合同。对于上述因劳动者原因而未签订劳动合同的情形，用人单位不存在过错，劳动者以此要求双倍工资缺乏依据，难以得到支持。

（3）采用罢工、围堵等不合法手段维权。纠纷的起因通常是一部分劳动者对用人单位拖欠加班工资、不按承诺增加待遇、调岗调薪等不当行为心存不满，联合起来采取罢工、消极怠工或围堵厂区等手段给单位施压，用人单位则以严重违纪予以辞退，由此发生争议。

（4）对法律规定存在误解。劳动者误读《劳动合同法》规定，导致纠纷发生。劳动者被用人单位解除劳动关系后，既主张恢复劳动关系，又要求单位支付双倍赔偿金，经法院释明后仍不肯择一而诉，要求两份利益兼得。劳务派遣中，当劳动者被用工单位退还到劳务派遣单位，劳动者要求恢复与用工单位劳动关系；劳动者仅以在相同岗位工作作为"同工"标准进而要求"同酬"，未考虑个体工作经验、工作技能、工作积极性等差异因素；劳动者认为只要劳务派遣单位客观上存在未"及时、足额"支付劳动报酬或"未缴纳"社保的情形，便可以此为由解除劳动合同并主张经济补偿。

（5）诉请缺乏理性思考，标的数额盲目趋高。由于劳动争议案件不按诉讼标的收费，因此不少劳动者不切实际地提出多项诉讼请求并抬高请求数额，有悖于客观事实，不仅造成法院调解困难，同时也导致劳动者完全胜诉的比例越来越低。

二 企业化解劳动争议的方法

企业及其管理者在用工模式和管理方法上仍然存续一定的传统惯性，不能系统适应《劳动合同法》的要求，是企业最大的劳动关系管理障碍和瓶颈。因此，企业需要从自身实际情况出发，调整适应《劳动合同法》法律环境，增强劳动法律意识，完善劳动管理制度体系，坚持以防为主的劳动管理原则，落实劳动争议预防措施，以此构建和谐、健康的劳动关系和员工关系。

与此同时，日益严重的诚信危机，已经成为制约和谐劳动关系构建的重要因素。全社会应思考通过建立企业用工和劳动者就业的信用记录，探索建立诚信创新机制和平台。如由劳动行政部门和工会组织、行业协会共同建设劳资双方的信用评价体系，建立企业与劳动者的诚信档案，并向社会公开。劳动者择业和企业招聘时将这种诚信档案作为双向选择的重要信用依据，以促进诚信职场、诚信社会的形成。

课后思考

1. 什么是劳动争议？劳动争议包括哪些基本内容？
2. 什么是程序预防？包括哪些方面？
3. 证据预防中，企业和员工需要采集和保存的证据包括哪些方面？
4. 劳动争议调解有哪些作用？
5. 劳动争议仲裁的程序是什么？
6. 劳动争议诉讼的成因包括哪两方面？

第八章

用工方式管理

🎓 学习目标

①认识劳务派遣是比较流行的一种非正式雇佣方式，劳务派遣员工关系管理涉及三方，我国相关法律对此有较严格的规范。

②知道在非正式雇佣方式的员工关系管理中，应该遵循法律框架、政府规章及劳动标准等，特别要贯彻"体面劳动"和无歧视的原则。

为了适应日益复杂多变的竞争环境，企业客观存在多种用工方式的需要，如临时用工、季节性用工、兼职等。我国《劳动法》规定的用工方式分为两种，即全日制用工和非全日制用工，《劳动合同法》增加了劳务派遣这种新型用工方式。全日制用工是最常见的用工方式，这种方式具有较强的稳定性和持续性，也是企业采用的主体用工方式。非全日制用工是一种以小时计酬为主，劳动者并非在同一企业全日工作的用工形式，是全日制用工的合理补充，在企业的运用比例也较低。劳务派遣是由劳务派遣单位、用工单位和劳动者三方构建的劳动用工关系，其显著特征是劳动雇佣与劳动使用的分离。

第一节　劳务派遣

一　劳务派遣的概念与特征

1. 劳务派遣的概念

劳务派遣又称人才派遣、人才租赁、劳动力派遣、劳动力租赁、雇员租赁，是指劳务派遣单位根据用工单位（要派单位）的实际用工需要，招聘合格人员，签订劳动合同，然后将所聘人员派遣到用工单位工作并接受其指挥、监督的一种用工方式。劳务派遣单位与被派遣劳动者建立劳动关系，负责工资支付及保险缴纳等日常管理工作，用工单位则实际使用劳动者，并向劳动派遣单位支付服务费用。

在劳务派遣单位、用工单位和劳动者的三角关系之中，劳务派遣单位与用工单位为商务协议关系，彼此约定劳务的提供与购买；劳务派遣单位与劳动者之间为雇佣与被雇佣关系；劳动者与用工单位为提供劳务和使用劳务并予以指挥、监督的关系。换言之，劳务派遣单位雇用劳动者的目的是安排该部分劳动者到用工单位提供劳务，因此，对于劳动者而言，他们与劳务派遣单位和用工单位之间形成一种双重关系。

2. 劳务派遣的特征

劳务派遣法律关系涉及三方主体以及三方关系，使劳动雇佣与劳动使用相分离是劳务派遣最显著的特征。

（1）劳务派遣法律关系涉及三方主体，即派遣机构（即劳务派遣单位）、用工单位和派遣员工（即劳动者）。与传统用工方式下劳动者与用人单位一对一的法律关系不同，劳务派遣中的派遣机构、用工单位和派遣员工三方形成三角法律关系。派遣机构是指聘请员工，并使其为用工单位提供劳务者；用工单位是指根据与派遣机构的商务约定，实际使用派遣员工的用工者；派遣员工是受派遣机构聘请并为用工单位提供劳动的劳动者，派遣员工是劳务派遣的对象。这种与一般典型的传统雇佣关系迥然不同的用工模式，因涉及三方法律关系主体，容易导致派遣机构与用工单位相互推诿法律责任，或者合谋损害劳动者利益而屡遭诟病和谴责。

（2）三方关系使劳动雇佣与劳动使用相分离。传统用工方式下用人单位对劳动者的雇佣与使用是一体化的，即劳动雇佣者即劳动使用者，而劳务派遣则将"雇佣"与"使用"分离开来，分属不同的法人主体（派遣机构与用工单位），派遣机构聘请劳动者，用工单位使用劳动者。

（3）分散转移了对劳动者的管理权。传统雇佣关系中，雇佣者对被雇佣者具有完全和唯一的管理支配权，而劳务派遣模式下，劳动者虽然由派遣机构聘请，却必须在用工单位提供劳动，遵守用工单位的工作规则和规章制度，并接受其监督管理；同时，劳动者还必须遵守派遣机构的相关管理制度，接受派遣机构的人力资源管理及其他综合管理。换言之，劳动者同时接受派遣机构和用工单位的双重管理。

（4）具有租赁特征。派遣机构派遣员工到用工单位，并从中获得收益，派遣机构与用工单位存在服务交易关系，事实上具有劳动租赁的性质，因此常常被称为"人才租赁""劳动力租赁"。

二　劳务派遣的类别

劳务派遣按照不同的分类标准可分为不同的类别，在实践中，责任划分标准是区分劳务派遣不同类别的常见方法。在派遣机构与用工单位的商务约定中，或者说由派遣机构提供的"服务产品"目录中，根据责任承担的划分通常将劳务派遣分为"完全雇佣式派遣""转移性派遣"以及介于两者之间的"半完全式雇佣式派遣"等方式。同时，根据双方约定的不同，还可表现出多样的外包形式。

1. 完全雇佣式派遣

完全雇佣式派遣是指由劳务派遣机构完全承担雇佣责任的劳务派遣方式，即员工招聘、上岗前培训、社会保险、经济补偿和赔偿、休假待遇、员工意外保障等责任完全由劳务派遣机构负责，用工单位只负责现场用工管理，"用人而不养人"，对于发生的任何与派遣员工有关的法律风险与经济风险均不负责。表 8-1 揭示了完全雇佣式派遣模式下劳务派遣机构与用工单位管理范畴的分工以及责任划分。

表 8-1　完全雇佣式派遣的管理分工与责任划分

	派遣机构	用工单位
管理与工作分工	根据用人标准招聘员工	复试并确认录用员工
	员工的入职培训	审定培训内容并配合参与
	签订劳动合同、办理入职手续	办理上岗手续、签订上岗协议
	提供社保方案	确定社保方案
	社保缴纳、员工异动办理	确定工资标准与核算
	工资的发放、个税缴纳	服务质量的考核及监督
	工伤、意外、劳动争议的处理	业务流程及安全的日常岗位管理

派遣机构		用工单位
	提供有效劳务费发票	费用的核算及划拨
	指定沟通接口及项目负责人	指定沟通接口及派遣服务管理组织
责任承担	合格员工招聘	按约定时间提前通知、按约定流程和期限完成复试
	员工劳动纠纷处理	配合提供有关证据，承担因本单位违法导致的劳动纠纷发生的费用
	依法解除、终止员工劳动关系需支付的经济补偿金	承担本单位非法解除、终止劳动关系产生的经济赔偿金
	员工因工致伤、致残、死亡应由用人单位承担的费用	承担实际操作中事实发生高于国家法规规定的费用项目和标准的超过部分
	员工患病或非因工负伤不能从事用人单位安排的工作解除劳动合同而产生的医疗补助费、医疗期内的工资、社保费用及经济补偿金	
	女工"三期"内的工资及社保费用	
	员工患病或非因工意外死亡应由用人单位承担的费用	

注："三期"指怀孕期、产期、哺乳期。

对于派遣机构而言，完全雇佣式派遣是法律风险与经济风险最大的一种劳务派遣方式，其报价也相应更高，报价中通常包含劳动用工的隐性成本和潜在风险成本，一般运用于外资企业较多。

2. 转移性派遣

转移性劳动派遣是指派遣机构仅提供劳务和劳动关系，通过与用工单位的商务协议约定，将派遣员工用工的法律风险和经济性风险转移给用工单位承担的一种派遣模式。派遣机构承担名义法律责任，但所有用工成本均由用工单位承担。所谓转移，既包含劳动管理支配权的转移，也包含雇佣责任的转移。表 8-2 揭示了转移式派遣模式下劳务派遣机构与用工单位管理范畴的分工以及责任划分。

表 8-2 转移式派遣的管理分工与责任划分

派遣机构		用工单位
管理与工作分工	根据约定协助或不负责招聘员工	招聘员工并确认录用
	协助员工的入职培训	主体负责入职培训
	签订劳动合同、办理入职手续	办理上岗手续、签订上岗协议
	提供社保方案	确定社保方案
	社保缴纳、员工异动办理	确定工资标准与核算
	工资发放和个税缴纳，或委托用工单位发放	服务质量的考核及监督
	工伤、意外、劳动争议的处理	业务流程及安全的日常岗位管理
	提供有效劳务费发票	费用的核算及划拨支付
	指定沟通接口及项目负责人	指定沟通接口及项目负责人

续表

派遣机构		用工单位
责任承担	员工劳动纠纷处理，但不承担任何费用	配合提供有关证据，承担因本单位违法导致的劳动纠纷发生的任何费用
	办理劳动关系解除、终止手续	因本单位原因导致解除、终止员工劳动关系需支付的经济补偿金和经济赔偿金
	办理社保待遇和理赔，并支付给员工或其继承人	员工因工致伤、致残、死亡应由用人单位承担的费用
		员工患病或非因工负伤不能从事用人单位安排的工作解除劳动合同而产生的医疗补助费、医疗期内的工资、社保费用及经济补偿金
		女工"三期"内的工资及社保费用
		员工患病或非因工意外死亡应由用人单位承担的费用

转移性派遣是应用最为广泛的劳动派遣方式，对派遣机构而言，雇佣责任被基本转移至用工单位，经营风险较低，服务内容和服务价格透明度高，易为用工单位所接受，双方合作模式简便，用工单位只向派遣机构支付约定的服务费用，不涉及隐性成本、变动成本和风险成本。因此，这种方式被大量运用于国有企业、事业单位和外资企业。

3. 半完全雇佣式派遣

半完全雇佣式派遣是指由劳务派遣机构部分承担雇佣责任的劳务派遣方式，即员工招聘、上岗前培训、社会保险、经济补偿和赔偿、休假待遇、员工意外保障等责任由劳务派遣机构与用工单位按照约定分别承担，对于发生的任何与派遣员工有关的法律风险与经济风险约定界线和标准分别负责。表 8-3 揭示了半完全雇佣式派遣模式下劳务派遣机构与用工单位管理范畴的分工以及责任划分。

表 8-3 半完全雇佣式派遣的管理分工与责任划分

派遣机构		用工单位
管理与工作分工	招聘员工按协议约定承担责任	按协议约定负责并确认录用员工
	员工入职培训按协议约定承担责任	员工入职培训按协议约定承担责任
	签订劳动合同、办理入职手续	办理上岗手续、签订上岗协议
	提供社保方案	确定社保方案
	社保缴纳、员工异动办理	确定工资标准与核算
	工资的发放、个税缴纳	服务质量的考核及监督
	工伤、意外、劳动争议的处理	业务流程及安全的日常岗位管理
	提供有效劳务费发票	费用的核算及划拨
	指定沟通接口及项目负责人	指定沟通接口及派遣服务管理组织

续表

派遣机构		用工单位
责任承担	员工劳动纠纷处理按协议约定承担责任	配合提供有关证据，承担因本单位违法导致的劳动纠纷发生的费用
	依法解除、终止员工劳动关系需支付的经济补偿金	承担本单位非法解除、终止劳动关系产生的经济赔偿金
	员工因工致伤、致残、死亡应由用人单位承担的费用，额外费用限额承担	承担约定的派遣机构限额承担以外的成本与费用
	限额承担员工患病或非因工负伤不能从事用人单位安排的工作，解除劳动合同而产生的医疗补助费、医疗期内的工资、社保费用及经济补偿金	
	限额承担女工"三期"内的工资及社保费用	
	员工患病或非因工意外死亡应由用人单位承担的费用，额外费用限额承担	

　　半完全雇佣式派遣是介于完全雇佣式派遣与转移式派遣之间的劳务派遣方式，是一种将派遣机构雇佣责任"部分转移"给用工单位的派遣形态。管理分工和责任承担的区分大部分取决于双方的协议约定，不具有统一性，在派遣业态中表现出灵活多样的合作形式，实践中多用于国有企业和外资企业。

三　劳务派遣的利弊评价

　　劳务派遣是市场经济环境下，市场主体自发选择的结果。随着劳务派遣的快速发展，对其评价日益发生分歧，这些评价可分为负面评价和正面评价两种，是基于对劳务派遣利弊的不同理解。

1. 负面评价

　　对于劳务派遣的负面评价和批评的内容甚多，但主要集中于以下几方面的理由。

　　（1）用工单位规避法律责任。涉及用人单位借助劳务派遣用工方式，转嫁劳动关系法律责任和雇佣责任，逃避法律义务，等等。

　　（2）侵犯劳动者利益。涉及派遣机构与用工单位"合谋"侵犯劳动者利益，推诿和转移劳动风险，对劳动者"多层盘剥"，等等。

　　（3）助长同工不同酬。涉及劳务派遣方式为同工不同酬提供了合法工具，助长了社会分配不公和社会歧视现象，是对劳动者"杀鸡取卵"式的掠夺，等等。

　　（4）劳动关系的复杂化。劳务派遣用工方式的三方主体关系使劳动关系和雇佣关系复杂化，扩大了企业滥用权力的可能，增加了追查违法责任的难度和成本，等等。

2. 正面评价

　　正面评价者从理性态度出发，分析劳务派遣的产生原因及市场需求内涵，探寻用人单位在竞争环境中弹性用工和灵活用工的内在需要和解决方式。其主要评价观点如下。

　　（1）非核心人员的外包需要。非核心人员的外包是全球人力资源管理的主要趋势之一，企业为了满足竞争的需要，将管理重心投向核心人员的管理，而将非核心人员外包化，以促进核心竞争力的提高，并使企业更加专注和专业化。劳动派遣是满足人力资源外包需求的市场服务方式之一。

（2）企业自主选择的结果。我国劳动力市场主体的自主地位日益确立，劳动关系双方当事人根据劳动力市场的供需情况，趋利避害，自发决定用工形式，这是劳务派遣产生和发展的前提，劳务派遣用工方式是企业自主选择的结果。

（3）用工方式的补充。劳动派遣适应了企业弹性用工、灵活用工的刚性需求，是企业为适应竞争需要保持"柔性化"能力的体现，也是对传统用工模式的有机补充。

（4）行业规范问题。劳务派遣业态在我国形成时间不长，法律规制不健全，在行业内存在管理不规范的问题。一些无良派遣机构与企业，确实存在借助劳务派遣方式侵犯和损害劳动者利益的现象，但并非劳务派遣自身的本质问题，而是管理和发展的问题。一些大量出现的劳动关系管理问题，如未签订劳动合同、逃避劳动法律责任、少交不交社会保险等现象并非只在劳务派遣用工模式下出现。相反，劳务派遣在提高社保缴纳覆盖率、落实具体法律责任、树立劳动用工隐性成本和潜在风险的意识方面，发挥了正面而积极的作用。如果应用得当，对于合理保护劳动者的合法权益有较强的促进作用，其原因是增加了第三方监督者的存在。

四　市场对劳务派遣的选择

企业和机关事业单位广泛使用劳务派遣有其内在的需求，这些需求因素有些是企业为了满足市场竞争的客观需要，有些则是基于现有社会和企业的体制机制特点而产生的内驱性需求。影响需求的主要因素如下。

1. 专业外包因素

专业外包是全球性需求因素，是社会化分工的必然要求。这种需求源于企业对自身核心竞争力的高度关注和战略思考，在内部资源有限的情况下，为取得更大的竞争优势，将非核心业务委托给比自己更具成本优势和专业知识的企业，这是企业自身的战略选择。人力资源专业外包是专业外包的形式之一，而劳动关系管理外包是人力资源专业外包形式中的一种，这种外包形式将企业非核心人员的管理与流程委托外部第三方专业机构承担，这里的"专业"是指在某一专业领域具有较强的能力优势、成本优势和资源整合优势，比如较强的招聘能力和劳动力资源优势、劳动关系管理能力、公共关系管理优势、社会保险系统管理能力等。

2. 灵活用工因素

为了适应复杂多变的竞争环境，用人单位需要保持劳动用工的一定弹性，需要一些弹性用工方式作为补充，比如临时用工、季节性用工等，劳务派遣用工方式满足了这一需求，适用了用人单位对于部分岗位"不求所有，但求所用"的用人策略。

3. 人工效能因素

市场上的部分企业对于人工效能和人均劳动生产率指标有明确的要求，为了减少员工数量基数，提高统计意义上的人工效能指标，采用劳务派遣用工方式将非核心人员剥离出去。这项因素多少有些企业包装的成分。

4. 工资总额因素

由于工资总额受到限制，用人单位采用劳务派遣方式将派遣员工的工资总额剥离出去，划入劳务费用或其他成本项目列支，此种方式也维护了单位老员工或"正式员工"的待遇水平。

5. 编制因素

编制因素仅发生于存在编制控制的用人单位。由于额定编制数量不足，用人单位采取劳务派遣方式释放工资成本和工资列支渠道。

6. 无固定期限因素

为了打破用人机制的僵局，尤其是增强基层员工使用的灵活性，解决劳动合同无固定期限的束缚，有些企业采用劳务派遣方式以达到"劳动弹性化"的目的。

五　劳务派遣新规后的趋势

2014 年 1 月 24 日，中华人民共和国人力资源和社会保障部颁布《劳务派遣暂行规定》，自 2014 年 3 月 1 日起施行。新规对劳务派遣实施了更加严厉的限制，对《劳动合同法》有关劳务派遣的"原则性"规定做了进一步细化，对于用人单位劳务派遣用工比例（10%）、"三性"（临时性、辅助性、替代性）岗位的界定范围与程序、跨地区劳务派遣的社会保险、同工同酬和歧视问题、劳务派遣员工的退回程序等内容做出了更加具体和细致的规定，以控制企业对劳务派遣用工方式的滥用。

尽管新规有关"三性"岗位范围的规定，在实践中仍然存在难以明确界定和实际操作的困难，但是 10% 的劳动派遣用工比例的规定，已基本"杀死"了企业使用劳务派遣的需求。这一比例对于大多数企业而言，已经失去了继续使用劳务派遣的实际意义，事实也恰恰如此。随着《劳务派遣暂行规定》的实施，我国企业劳务派遣员工数量出现断崖式的下降，并呈现以下趋势。

（1）公有制企业大幅减少或停止使用劳务派遣用工方式。

（2）劳务派遣转型为业务外包。人力资源外包转化为业务流程外包，将原由劳务派遣员工承担的业务和流程在企业整体业务和流程中割裂出来，外包给外部专业机构，这些机构同时也包括原劳务派遣机构。

（3）劳务派遣机构转型为附属性实体。在新的劳务派遣法律条件下，将促进劳务派遣机构与原合作单位更加深层次的合作，劳务派遣机构转型为原合作单位的附属性实体（或双方合资实体），仍然承担原劳务派遣员工从事的业务和流程，原有人员与业务流程均无变化。

（4）季节性用工将成为使用劳务派遣的主流。在编制因素、工资总额因素消失之后，弹性用工需求将成为推动劳务派遣的主要因素，劳务派遣机构必须具备更强的季节性人力资源的"吞吐"能力，劳动派遣机构服务的企业对象必须具有较高的同质化特征，劳务派遣机构的运营风险增大。

（5）劳务派遣专业化细分趋势。劳务派遣机构将寻求专业化细分道路，在某些专业岗位形成数量优势或垄断优势，从而在人力资源供需市场中拥有这些专业人员的供应优势和细分资源。

（6）劳务派遣行业面临整合。由于劳务派遣需求的大幅下降，中小劳务派遣机构难以生存，行业将面临巨幅整合，市场中存续的劳务派遣机构数量大幅减少。

专 栏

劳务派遣服务合同

甲方（劳务派遣单位）：

地址：

联系电话：

乙方（实际用工单位）：

地址：

联系电话：

甲方根据乙方的生产（工作）需要，为乙方提供劳务派遣人员和劳务派遣相关服务，根据《中华人民共和国劳动法》和《_____省劳动合同条例》等有关法律法规，为明确双方的权利义务，经甲乙双方协商一致同意，订立如下合同。

一、劳务派遣期限

本合同期限：自_____年_____月_____日起至_____年_____月_____日止。

二、劳务派遣内容

1. 甲方为乙方提供符合乙方用人需求的相关劳务派遣人员和劳务派遣服务。

2. 甲方输出派遣给乙方的劳务人员，为甲方员工，由甲方与劳务派遣人员签订劳动合同，发放工资，并办理各项有关保险福利待遇等其他相关事宜。

三、劳务费用结算与支付

1. 劳务费用的构成。

（1）劳务人员的工资报酬（基本劳务费、考核劳务费）：每月_____元。

（2）乙方每月支付给甲方的劳务管理费：每人每月_____元。

（3）乙方每月支付给甲方的商业保险费：每人每月_____元。

（4）乙方每月支付给甲方的社保费：每人每月_____元（按人力资源和社会保障局每年的实际缴费基数调整）。

2. 结算时间和方式：乙方应在每月_____日前将实际产生应付的劳务费用等一并转入甲方指定的银行账户，并提供各项劳务费用结算明细清单。劳务人员工资应由甲方在每月_____日前支付。

3. 乙方支付给甲方的相关劳务费用，甲方必须开具正式劳务费发票给乙方。

四、甲方的权利和义务

1. 甲方根据乙方的用人需求，在本合同签订后天内为乙方输送派遣达到法定用工年龄、体检合格、持有岗前培训合格证并经乙方确认合格的劳务人员赴乙方工作，甲方在_____天内办理好相关上岗手续并提供劳动政策指导服务。

2. 乙方将实际产生应付的相关劳务费用转入甲方指定的银行账户后，甲方按本合同约定时间为劳务派遣人员发放工资、缴纳相关保险费用（劳务人员个人应承担税费部分由甲方从工资中代扣代缴）。

3. 甲方委派专人负责协助乙方对劳务派遣人员的日常生产管理、岗位调动、劳务考核，遵守乙方制定的安全生产、劳动纪律、操作规范、岗位责任制等管理规章制度，完成乙方布置的劳动（工作）任务。

4. 甲方负责定期对劳务派遣人员进行有效的劳务跟踪和劳务管理，可以采取多种形式了解乙方使用劳务派遣人员的情况，乙方应予以配合；甲方应协助乙方教育劳务派遣人员遵守国家法律、法规，有义务协助乙方做好劳务派遣人员的思想工作。

5. 甲方应负责对劳务派遣人员进行派遣前的政策、法律教育，职业道德培训，提供必要的建议和指导，并如实介绍乙方情况。

6. 甲方应对劳务派遣人员进行派遣前的健康体检和岗前培训，取得体检合格和岗前培训合格证者方可输送派遣给乙方，体检和培训费用由_____负担。

7. 甲方负责劳务派遣人员的录用、退工、退保费手续，协助乙方处理劳务纠纷以及劳务人员档案管理，负责处理劳务派遣人员因在乙方工作期满或因违反乙方各项管理规章制度被终止劳务工作的事宜。

8. 劳务派遣人员在乙方工作期间发生工伤、职业病、死亡等事故的，乙方应及时通报和配合甲方处理。发生的相应费用以及办理处理手续由甲方负责处理。

9. 乙方如有违反本合同、拖欠应付劳务费用以及违反劳动政策法规损害劳务派遣人员合法权益行为的，甲方可依法向乙方交涉，要求乙方继续履行义务并按实际损失的情况向乙方索赔。

10. 甲方劳务派遣人员在工作中因故意或重大过失给乙方造成经济损失的，经甲乙双方认定或相关机构认定后，由责任人员负责赔偿，甲方应配合乙方进行追偿。

五、乙方的权利和义务

1. 乙方使用劳务派遣人员必须明确其告知劳务工作内容和要求以及劳务工资报酬等。

2. 乙方应为劳务人员提供基本的劳动条件和岗位劳动保护，并对劳务派遣人员进行必要的岗位培训和安全教育。劳务派遣人员发生工作伤亡事故或因工造成第三者伤害事故（经有关权威部门认定），乙方应协助甲方按国家相关规定处理。

3. 乙方需按本合同规定及时足额向甲方支付相关劳务费用，不得拖欠。

4. 乙方有权按照制定的各项管理规章制度对劳务派遣人员进行考勤、考核、奖惩等综合劳务考核，乙方可对劳务派遣人员采取相应的奖惩措施。

5. 乙方有权查询甲方发放劳务派遣人员的工资（劳务费）和缴纳相关保险费等情况，乙方可以依法向甲方交涉要求纠正，因此造成乙方损失的，甲方应当给予乙方赔偿。

6. 乙方对劳务派遣人员实行每天八小时、每周至少休息一天的工作制度，乙方因生产需要劳务人员加班的应按有关国家规定支付劳务人员加班费或给予调休。

7. 根据《中华人民共和国劳动法》和《_____省劳动合同条例》，甲方劳务派遣人员有下列情况之一的，乙方有权遣返退回甲方，涉及经济处罚或经济赔偿等问题时，按照乙方相关规章制度由甲方负责处理后返还乙方。

（1）试用期内被证明不符合乙方录用工条件的。

（2）严重违反乙方劳动纪律和各项管理规章制度的。

（3）严重失职，营私舞弊，给乙方造成_____元以上损失的。

（4）被依法追究刑事责任的。

（5）被派遣劳务人员与其他单位建立劳动关系对完成乙方工作任务造成严重影响，经提出拒不改正的。

（6）被派遣劳务人员患病或者非因工负伤，医疗期满后不能从事原工作，也不能从事乙方另行安排的工作的。

（7）被派遣劳务人员不能胜任工作，经培训或调整岗位考核，仍不能胜任工作的。

8. 根据本合同第五项第7条（1）至（5）款，乙方遣返劳务派遣人员退回甲方的，应向甲方提供或传真有关书面材料或有关部门认定事实材料经甲方确认后处理；根据本合同第7条（6）、（7）款，乙方遣返劳务派遣人员退回甲方的，乙方应提前30天书面通知甲方以便甲方处理。

9. 除法律规定和本合同有约定外，乙方不得随意遣返退回本合同期间的甲方劳务派遣人员，如有，按《_____省劳动合同条例》和有关法律法规处理。

六、其他约定事项

1. 因乙方生产经营发生重大变化或因其他客观原因乙方的确需要裁减用工或不能继续用工的，由甲乙双方协商处理，确定乙方需裁减或不能用工的，乙方应按《_____省劳动合同条例》和有关法律法规相应规定支付经济补偿金。

2. 本合同履行过程中，合同有关内容如与国家新颁布的法律、法规和劳动保障政策不一致的，按新的法律、法规政策执行。

3. 本合同遇到不可抗力或政府政策变化等原因致使合同无法继续履行或双方认为需要修改、补充时，由甲乙双方协商处理。

4. 甲方所输出派遣给乙方的劳务人员，在乙方试用期内被证明不符合乙方录用工条件而遭到乙方遣返退工的，甲方应赔偿乙方所支付的被遣返人员的资质证书费、劳务管理费、相关保险费。

5. 甲方在办理劳务派遣人员劳务派遣事务中遇有重要事项需要乙方决定的，应征得乙方同意后方能实施。

6. 因客观情况发生变化或本合同期满前，双方均应提前30天书面通知对方本合同是否继续履行，是否继续履行由双方协商处理。

七、合同纠纷处理

因履行本合同发生争议的，由双方协商处理；协商不成的，双方均有权向有管辖权的法院提起诉讼。

八、其他事项

1. 本合同未尽事宜，由甲乙双方协商一致后书面补充约定，补充合同与本合同内容有不一致的，以补充合同内容为准。

2. 本合同一式_____份，经甲乙双方签字盖章后生效，甲乙双方各执_____份，每份具有同等法律效力。

甲方（盖章）：   乙方（盖章）：

_____年_____月_____日   _____年_____月_____日

第二节　非全日制用工

非全日制用工，是指以小时计酬为主，劳动者在同一用人单位一般平均每日工作时间不超过四小时、每周工作时间累计不超过二十四小时的用工形式。

一　法律有关规定

（1）劳动合同。非全日制用工双方当事人可以订立口头协议。从事非全日制用工的劳动者可以与一个或者一个以上用人单位订立劳动合同；但是，后订立的劳动合同不得影响先订立的劳动合同的履行。

（2）试用期。非全日制用工双方当事人不得约定试用期。

（3）经济补偿。非全日制用工双方当事人任何一方都可以随时通知对方终止用工后。终止用工后，用人单位不向劳动者支付经济补偿。

（4）工资支付。小时工资标准是用人单位按双方约定的工资标准支付，但不得低于当地政府颁布的小时最低工资标准。当地政府颁布的小时最低工资标准，含用人单位为其缴纳的基本养老保险费和基本医疗保险费，非全日制用工劳动报酬结算支付周期最长不得超过十五日。

（5）社会保险。从事非全日制工作的劳动者应当参加基本养老保险，原则上参照个体工商户的参保办法执行。对于已参加过基本养老保险和建立个人账户的人员，前后缴费年限合并计算；跨统筹地区转移的，应办理基本养老保险关系和个人账户的转移、接续手续。符合退休条件时，按国家规定计发基本养老金。

从事非全日制工作的劳动者可以以个人身份参加基本医疗保险，并按照待遇水平与缴费水平相挂钩的原则，享受相应的基本医疗保险待遇。

用人单位应当按照国家有关规定为建立劳动关系的非全日制劳动者缴纳工伤保险费。从事非全日制工作的劳动者发生工伤，依法享受工伤保险待遇；被鉴定为伤残 5～10 级的，经劳动者与用人单位协商一致，可以一次性结算伤残待遇及有关费用。

二　非全日制用工方式的意义

非全日制用工是灵活就业的一种重要形式。近年来，我国非全日制用工形式呈现迅速发展的趋势，特别是在餐饮、超市、社区服务等服务业领域，用人单位使用非全日制用工形式越来越多。在我国，非全日制用工方式对于促进就业、提高用人单位的用工弹性具有重要意义。

首先，它适应了企业降低人工成本、灵活用工的客观需要。在市场经济条件下，企业用工需求取决于生产经营的客观需要，同时，企业为追求利润的最大化，也要尽可能降低人工成本。实际上，非全日制用工的人工成本明显低于全日制用工的，越来越多的企业根据生产经营的需要，采用包括非全日制用工在内的灵活用工形式。其次，它促进了失业人员再就业。在劳动力市场供需关系供大于求、失业人员就业压力较大的情况下，非全日制劳动在促进下岗职工和失业人员再就业方面发挥着越来越重要的作用。

劳务关系

第三节 劳务关系

劳务关系是劳动者与用工者口头或书面约定，由劳动者向用工者提供一次性或者特定的劳动服务，用工者依约向劳动者支付劳务报酬的一种有偿服务的法律关系。劳务关系是由两个或两个以上的平等主体通过劳务合同建立的一种民事权利义务关系，该合同可以是书面形式，也可以是口头形式，其适用的法律主要是《中华人民共和国民法典》（以下简称《民法典》）。

一　劳务关系的法律特征

（1）双方当事人的地位平等，在人身及工作中不具有隶属关系。

（2）工作风险一般由提供劳务者自行承担，但由雇工方提供工作环境和工作条件的以及法律另有规定的除外。

（3）基于民事法律规范成立，并受民事法律规范的调整和保护。

（4）主体具有不特定性，提供劳务方和用工方都可以是自然人、法人或其他组织。

二 劳务关系与劳动关系的区别

劳动关系和劳务关系是完全不同的两种法律关系，但在实践中劳动关系与劳务关系经常存在交叉、模糊不清的状态，而以劳动合同是否以书面形式订立，以及以实际签订的劳动合同名称为准，是最常见的对劳务关系和劳动关系性质的误判。劳务关系与劳动关系主要区别体现在以下几点。

（1）主体上的区别。劳动关系的主体一方必须是符合法定条件的用人单位，也就是《劳动法》规定的用人单位，另一方只能是自然人，并且必须符合劳动年龄条件，即年满 16 周岁具有民事劳动能力的自然人；而劳务关系的主体双方可以都是自然人，也可以一方是自然人，另一方是单位，也可以双方都是用人单位，并且提供劳务的一方不受年龄限制，此为区分二者的重要主体条件。

（2）隶属关系上的区别。劳动关系是指劳动者成为用人单位的一员，就要受用人单位内部规章制度约束，并听从领导或上级的安排，从事具体的工作内容；而劳务关系不存在上下级隶属关系，只是以提供一定量的劳务为内容，劳务完毕，工作内容即终止，只需按雇方的要求提供服务即可。

（3）承担权利义务的区别。劳动关系的用人单位必须给劳动者缴纳社会保险，这是用人单位的法定义务，同时，还须按劳动合同约定提供相应的福利待遇，如果用人单位违反法律规定或违反劳动合同约定，用人单位应承担相应的法律责任，如补交社会保险、支持经济补偿或赔偿、行政罚款等；而劳务关系的雇方不存在为被雇方缴纳社会保险的义务，只需按工作量支付劳务报酬即可，雇方违反约定，被雇方可依约定要求支付报酬。

（4）适用法律的区别。劳动关系是我国劳动法的调整对象，其发生的纠纷是用人单位与劳动者之间在劳动过程中的纠纷，其产生、变更、终止及纠纷解决均应适用《劳动合同法》相关的规定；而劳务关系是平等主体之间的财产关系，其纠纷是平等主体之间在履行合同中所产生的纠纷，应适用《民法典》进行规范和调整。建立劳务关系时，当事人双方可以协商确定是否签订书面劳务合同，法律对此不加干涉。

 专　栏

员工劳务合同

甲方：

法定代表人：

注册：

通信地址：

联系电话：

乙方：

姓名：

性别：

居民身份证号码：

通信地址：

联系电话：

甲方因公司发展需要，聘请乙方为甲方提供劳务。甲乙双方根据《民法典》及政府其他有关规定，本着自愿、平等、协商的原则，一致同意签订本合同。本合同中的乙方系指退休人员或虽与原单位存在劳动关系，但因内退、下岗、待岗等原因，原单位同意其到其他单位工作的人员。

第一条　本合同于＿＿＿＿年＿＿＿＿月＿＿＿＿日生效，至＿＿＿＿年＿＿＿＿月＿＿＿＿日终止，合同到期如需续签，甲乙双方应在一星期内进行。

第二条　甲方安排乙方从事工作。甲方因经营需要和乙方的能力表现，可变更乙方的工作。乙方有反映本人意见的权利，但未经甲方批准，必须服从。

第三条　乙方确认自己为（退休、内退、下岗、待岗）人员。原单位同意乙方到甲方工作。若乙方隐瞒真实情况，由此产生的一切法律后果由乙方承担，若因此给甲方造成损失，乙方应负赔偿责任。乙方认为，根据乙方目前的健康状况，能依据本合同第一条、第二条约定的劳务内容、要求、方式为甲方提供劳务，乙方也愿意承担所约定劳务；若乙方刻意对甲方隐瞒自身存在的疾病或者根据自身机能极有可能发生的疾病风险的，则自行承担责任和风险，若乙方的疾病状况影响到公司其他人员或生产的，须负相应的赔偿责任。

第四条　乙方负有保守甲方商业秘密的义务。乙方负有保护义务的商业秘密主要包括：乙方从甲方获得的与工作有关或因工作产生的任何商业、营销、客户、运营数据或其他性质的资料，无论以何种形式或何种载体，无论在披露时是否以口头、图像或以书面方式表明其具有保密性。

第五条　按甲方现行的公司员工薪金管理制度支付乙方工资。甲方发薪日期为次月 10 日，如甲方财务资金短缺时，甲方有权对薪金推迟发放，推迟时限为 10 天内。合同期间若甲方对乙方工作进行调整或实行新的工资制度，乙方的工资待遇则相应调整。

第六条　乙方薪金为月薪制，每月以 30 天计算。月薪＿＿＿＿＿＿元，并视工作实际表现发给奖金＿＿＿＿＿＿元至＿＿＿＿＿＿元之间。乙方不享受法定节假日和甲方规定的有薪假期，甲方为乙方提供符合国家规定的安全、卫生的工作环境，保证乙方在人身安全及人体不受危害的环境条件下从事工作。

第七条　发生下列情形之一，本合同提前终止。

1. 发生甲方或乙方不可抗拒的因数，造成一方或双方不能继续履行合同的。

2. 双方就解除本合同协商一致的。

3. 乙方由于健康原因不能履行本合同义务的。

第八条　符合下列情况之一的，甲方可以解除本合同，辞退乙方。

1. 乙方因严重违反劳动纪律、甲方规章制度、员工守则及奖惩办法规定的。

2. 乙方因病或非因工负伤在规定的医疗期满后，不能从事原工作也不能从事另行安排的工作的。

3. 乙方不服从甲方的工作安排。

4. 甲方的经营情况发生重大变化的，不能容纳原规模的劳工及劳务人员人数的。

5. 甲方屡次教导乙方不改的。

第九条　乙方有以下行为，甲方有权立即通报开除乙方并追究由此造成的损失。

1. 虚报账目，账目不清，弄虚作假。

2. 偷盗财物，散布影响公司及同事形象的谣言。

第十条　本合同终止、解除后，乙方应在一周内将有关工作向甲方移交完毕，并附书面说明，如给甲方造成损失，应予赔偿。

第十一条　甲乙双方若单方面解除本合同，需提前30天书面通知另一方。

第十二条　因本合同引起的或与本合同有关的任何争议，均提请甲方所在地人民法院提起诉讼。

第十三条　本合同中甲乙双方的通信地址为双方联系的唯一固定通信地址，若在履行本合同中双方有任何争议，甚至涉及诉讼时，该地址为双方法定地址。若其中一方通信地址发生变化，应立即书面通知另一方，否则，造成双方联系障碍，由有过错的一方负责。

第十四条　本合同一式两份，甲乙双方各执一份，同等有效，双方就此合同内容向第三方保密。

甲方（公章）：　　　　　　　　　　　　乙方（签章）：

日期：＿＿＿＿＿＿年＿＿＿＿月＿＿＿＿日　　　日期：＿＿＿＿＿＿年＿＿＿＿月＿＿＿＿日

🎓 课后思考

1. 什么是劳务派遣？具有哪些特征？

2. 根据责任承担的划分，劳务派遣通常分为哪几种方式？

3. 劳务派遣的负面评价有哪些？

4. 什么是非全日制用工？该用工方式具有哪些意义？

5. 劳务关系与劳动关系有哪些区别？

第九章

员工保障与健康管理

学习目标

① 熟悉社会保险的主要内容、最低工资的法律规定。

②了解休息与休假的法律规定。

③了解心理疾病是影响员工健康的重要因素，企业和管理者应重视员工的心理健康。

企业对员工的保障与健康管理，既是法律法规的基本要求和企业的基本责任，也是企业基于对员工生命、健康、未来保障的尊重和关注而内生的人性化管理的主要内容。随着生活水平的提高，人们对于健康和保障的关注程度已今非昔比，员工保障与健康管理已经成为企业员工关系管理的重要组成部分，也是企业维系核心员工和优秀员工的重要因素。

第一节　员工社会保险

社会保险是国家通过立法强制建立社会保险基金，强制社会多数成员参加，对参加劳动关系的劳动者在丧失劳动能力或失业时给予必要帮助，具有多重分配功能的非营利性的社会安全制度。

社会保险通过筹集社会保险基金，在一定范围内对社会保险基金实行统筹调剂，在劳动者遭遇劳动风险时给予必要的帮助。它是一种再分配制度，它的目标是保证物质及劳动力的再生产和社会的稳定。

一　社会保险的特征

（1）保障性。社会保险的主要目的是为失去生活来源的劳动者提供基本的生活保证，在满足一定条件的情况下，被保险人可从社会保险基金中获得固定的收入或损失的补偿，只要劳动者符合享受社会保险的条件，均可享受国家所提供的各种社会保险。

（2）防范性。政府向企业和个人所征集的各种社会保险基金，是防范风险所用，目的是在劳动者遇到劳动风险时，有足够的物质基础来提供资助，防范性是社会保险的一个基本特征。

（3）强制性。社会保险是通过国家立法强制实施的，在法律规定的范围内，企业必须依法参加社会保险，按规定缴纳保险费，国家对无故迟缴或拒缴社会保险费的企业，可征收滞纳金或追究法律责任。

（4）互济性。政府运用统筹调剂的办法，集中筹集和使用资金，以防范或解决不同层次、行业、职业劳动者的生活困难。

（5）差别性。社会保险具有一定的福利性，但在享受保险待遇上也体现一定的差别性，由于个人的工龄、工资和缴纳的保险费不同，其享受的保险待遇也会有差别。

二　社会保险的主要内容

目前，我国社会保险的主要内容包括养老保险、医疗保险、失业保险、工伤保险、生育保险等险种。

（1）养老保险。养老保险是劳动者在达到法定退休年龄退休后，从政府和社会得到一定的经济补偿帮助和服务的一项社会保险制度。职工必须是达到法定退休年龄，并且已经办理退休手续，所在单位和个人依法参加了养老保险并履行了养老保险的缴费义务，个人缴费至少满 15 年，才能按月领取养老金。我国现行企业职工法定退休年龄为男职工 60 岁，从事管理和科研工作的女干部 55 岁，女职工 50 岁。党的二十届三中全会审议通过的《中共中央关于进一步全面深化改革　推进中国式现代化的决定》明确提出，按照自愿、弹性原则，稳妥有序推进渐进式延迟法定退休年龄改革。

（2）医疗保险。城镇职工基本医疗保险制度，是根据财政、企业和个人的承受能力所建立的保障职工基本医疗需求的社会保险制度。城镇职工基本医疗保险基金由基本医疗保险社会统筹基金和个人账户构成。基本医疗保险费由用人单位和职工个人账户构成，并由双方共同缴纳。用人单位所缴纳的医疗保险费一部分用于建立基本医疗保险社会统筹基金，这部分基金主要用于支付参保职工住院和特殊慢性病门诊及抢救、急救。发生的基本医疗保险起付标准以上、最高支付限额以下符合规定的医疗费，其中个人也要按规定负担一定比例的费用。个人账户资金主要用于支付参保人员在定点医疗机构和定点零售药店就医购药符合规定的费用，个人账户资金用完或不足部分，由参保人员个人用现金支付，个人账户可以结转使用和依法继承。参加基本医疗保险的单位及个人，必须同时参加大额医疗保险，并按规定按时足额缴纳基本医疗保险费和大额医疗保险费，才能享受医疗保险的相关待遇。

（3）工伤保险。工伤保险也称职业伤害保险，劳动者由于工作原因并在工作过程中受意外伤害，或因接触粉尘、放射线、有毒害物质等职业危害因素引起职业病后，由国家和社会给负伤、致残者以及死亡者生前供养亲属提供必要物质帮助。工伤保险费由用人单位缴纳。对于工伤事故发生率较高的行业工伤保险费的征收费率高于一般标准，一方面是为了保障这些行业的职工发生工伤时，工伤保险基金可以足额支付工伤职工的工伤保险待遇；另一方面，是通过高费率征收，使企业有风险意识，加强工伤预防工作，使伤亡事故率降低。

（4）失业保险。失业保险是国家通过立法强制实行的，由社会集中建立基金，对因失业而暂时中断生活来源的劳动者提供物质帮助的制度，主要是用于保障失业人员的基本生活。按照规定参加失业保险，所在单位和本人已按照规定履行缴费义务满 1 年的城镇企业事业单位失业人员，按照有关规定可享受失业保险待遇。

（5）生育保险。生育保险是针对在职女性因生育子女而导致暂时中断工作、失去正常收入来源时，根据法律规定由国家或社会提供的物质帮助。生育保险基金由用人单位缴纳的生育保险费及其利息以及滞纳金组成，女职工产假期间的生育津贴、生育发生的医疗费用及国家规定的与生育保险有关的其他费用都应该从生育保险基金中支出。

三　社会保险与商业保险的区别

社会保险是社会保障体系的核心内容，与商业保险有本质上的区别。主要区别如下。

（1）实施目的不同。社会保险是为社会成员提供必要的基本保障，不以营利为目的；商业保险则是保险公司的商业化运作，以利润为目的。

（2）实施方式不同。社会保险根据国家立法强制实施；商业保险遵循"契约自由"原则，由企业和个人自愿投保。

（3）实施主体和对象不同。社会保险由国家成立的专门性机构进行基金的筹集、管理及发放，其对象是法定范围内的社会成员；商业保险是保险公司来经营管理的，被保险人可以是符合承保条件的任何人。

（4）保障水平不同。社会保险为被保险人提供的保障是最基本的，其水平高于社会贫困线，低于社会平均工资的50%，保障程度较低；商业保险提供的保障水平完全取决于保险双方当事人的约定和投保人所缴保费的多少，只要符合投保条件并有一定的缴费能力，被保险人可以获得高水平的保障。

第二节 员工最低工资保障

最低工资是指国家以一定的立法程序规定的，劳动者在法定工作时间内提供了正常劳动的前提下，其所在企业应支付的最低劳动报酬。所谓的正常劳动是劳动者按照依法签订的劳动合同约定，在法定的工作时间或劳动合同约定的工作时间内从事的劳动。

一 最低工资的法律规定

我国《劳动法》《最低工资规定》等有关法律规定，国家实行最低工资保障制度，用人单位支付劳动者的工资不得低于当地最低工资标准。

确定和调整月最低工资标准，应参考当地就业者及其赡养人口的最低生活费用、城镇居民消费价格指数、职工个人缴纳的社会保险费和住房公积金、职工平均工资、经济发展水平、就业状况等因素。确定和调整小时最低工资标准，应在颁布的月最低工资标准的基础上，考虑单位应缴纳的基本养老保险费和基本医疗保险费因素，同时还应适当考虑非全日制劳动者在工作稳定性、劳动条件和劳动强度、福利等方面与全日制就业人员之间的差异。另外，还要考虑对外开放的国际竞争需要及企业的人工成本承受能力等。当上述因素发生变化时，应当适时调整最低工资标准，每年最多调整一次。

最低工资不包括加班加点工资、特殊津补贴，以及国家法规政策规定的劳动者保险、福利待遇和企业通过贴补伙食、住房等支付给劳动者的非货币性收入等。

最低工资的具体标准由各省、自治区、直辖市人民政府规定，报国务院备案，每年公布一次。用人单位支付劳动者的工资不得低于当地最低工资标准。确定和调整最低工资标准应当综合参考下列因素。

①劳动者本人及平均赡养人口的最低生活费用。

②社会平均工资水平。

③劳动生产率。

④就业状况。

⑤地区之间经济发展水平的差异。

二　最低工资制度在企业的应用

最低工资标准是法律给予劳动者付出正常劳动的最低工资待遇保障，是企业必须遵守的法律要求，其最重要的应用意义在于企业制定的员工工资标准不得低于法定最低工资标准。实践中，企业还将最低工资标准应用于以下管理范畴。

①将最低工资标准作为计件制工资人员和营销人员的保底工资。

②将最低工资标准作为绩效工资系统中的基本工资标准。

③将最低工资标准作为生产任务调整时生产工人放假期间的标准工资。

④将最低工资标准作为员工培训期及其他特殊时期的标准工资。

⑤将最低工资标准作为部分岗位人员劳动合同订立条款中的合同工资。

专栏

截至 2024 年 7 月 1 日，全国各省、自治区、直辖市最低工资标准情况如表 9-1 所示。

表 9-1　全国各省、自治区、直辖市最低工资标准情况

单位：元

地区	月最低工资标准				小时最低工资标准			
	第一档	第二档	第三档	第四档	第一档	第二档	第三档	第四档
北京	2420				26.4			
天津	2320				24.4			
河北	2200	2000	1800		22	20	18	
山西	1980	1880	1780		21.3	20.2	19.1	
内蒙古	1980	1910	1850		20.8	20.1	19.5	
辽宁	2100	1900	1700		21	19	17	
吉林	1880	1760	1640	1540	19	18	17	16
黑龙江	2080	1850	1750		19	17	16.5	
上海	2690				24			
江苏	2490	2260	2010		24	22	20	

续表

地区	月最低工资标准				小时最低工资标准			
	第一档	第二档	第三档	第四档	第一档	第二档	第三档	第四档
浙江	2490	2260	2010		24	22	20	
安徽	2060	1930	1870	1780	21	20	19	18
福建	2030	1960	1810	1660	21	20.5	19	17.5
江西	2000	1870	1740		20	18.7	17.4	
山东	2200	2010	1820		22	20	18	
河南	2100	2000	1800		20.6	19.6	17.6	
湖北	2210	1950	1800		22	19.5	18	
湖南	1930	1740	1550		19	17	15	
广东	2300	1900	1720	1620	22.2	18.1	17	16.1
其中：深圳	2360				22.2			
广西	1990	1840	1690		20.1	18.6	17	
海南	2010	1850			17.9	16.3		
重庆	2100	2000			21	20		
四川	2100	1970	1870		22	21	20	
贵州	1890	1760	1660		19.6	18.3	17.2	
云南	1990	1840	1690		19	18	17	
西藏	2100				20			
陕西	2160	2050	1950		21	20	19	
甘肃	2020	1960	1910	1850	21	20.5	20	19.5
青海	1880				18			
宁夏	2050	1900			20	18		
新疆	1900	1700	1620	1540	19	17	16.2	15.4

注：本表数据时间截至 2024 年 7 月 1 日。

第三节 员工休息与休假

劳动者有劳动的权利，同时也享有休息休假的权利。休息休假通常又称休息时间，是指劳动者在国家规定的法定工作时间外自行支配的时间，包括劳动者每天休息的时数、每周休息的天数、节假日及其他法定假期等。

一 休息休假的法律规定

《中华人民共和国宪法》中规定："中华人民共和国劳动者有休息的权利。"《劳动法》规定："用人单位应当保证劳动者每周至少休息一日。""企业因生产特点不能实行的，经劳动行政部门批准，可以实行其他工作和休息方法。"《国务院关于职工工作时间的规定》规定："职工每日工作 8 小时、每周工作 40 小时。"《职工带薪年休假条例》制定了带薪休假规定。

二 休息日与假期

1. 休息日

休息日是指在不违反劳动法规定的情况下，根据用人单位的制度规定或由劳动者与用人单位约定的休息日，这是法律保障劳动者休息权利的强制要求。

休息日一般为周末双休，但具体到不同企业的休息制度以及劳动者与用人单位的约定，有不同的休息日安排。如果因为工作岗位和工作性质不同约定其他休息方式的，只要不违反劳动法规对劳动者休息时间最低保障规定，都是合法的。安排劳动者在休息日工作的，首先应该安排其补休，补休时间应等同于加班时间。休息日为"无薪日"，如果不能安排补休的，则按照不低于劳动者本人日工资或小时工资的 200% 支付加班工资。

现实中，企业休息日的安排包括双休、单休、双单休每周轮换、月度集中休息、临时休息等多种形式。

2. 法定节假日

《全国年节及纪念日放假办法》规定了全体公民放假的节日，具体假日见表 9-2。

表 9-2 法定节假日假期

法定节假日	假期
元旦	放假 1 天（1 月 1 日）
春节	放假 3 天（正月初一、初二、初三）
清明节	放假 1 天（农历清明当日）
劳动节	放假 1 天（5 月 1 日）
端午节	放假 1 天（农历端午当日）
中秋节	放假 1 天（农历中秋当日）
国庆节	放假 3 天（10 月 1 日、2 日、3 日）
妇女节	妇女放假半天（3 月 8 日）
青年节	14 周岁以上的青年放假半天（5 月 4 日）

法定节假日为有薪日，如果法定节假日安排劳动者工作的，用人单位应额外支付不低于工资标准300％的加班工资。

3. 探亲假

探亲假是指职工享有保留工作岗位和工资而同分居两地，又不能在公休日团聚的配偶或父母团聚的假期。它是职工依法探望与自己不住在一起，又不能在公休假日团聚的配偶或父母的带薪假期。我国关于探亲假及其待遇的规定主要是《国务院关于职工探亲待遇的规定》。

4. 婚丧假

婚丧假是指劳动者本人结婚以及劳动者的直系亲属死亡时依法享受的假期，属于带薪假。我国关于婚丧假及其待遇的法律规定主要有《劳动法》《人口与计划生育法》《关于国营企业职工请婚丧假和路程假问题的通知》，但国家还没有对非公企业职工婚丧假做出具体规定。目前国有企业仍然遵守原有国家规定执行，除少数地区外，民营企业和外资企业以本企业制定的内部管理制度为准。

5. 工伤假

工伤假是指员工发生工伤需要停工进行治疗并保留工资待遇的假期。我国关于工伤假及其待遇的法律规定为《工伤保险条例》，企业依照该条例规定执行。

6. 女职工假

女职工假是指针对女性职工群体给予保护的假期，主要包括女职工"三期"（怀孕期、产期、哺乳期）内的假期。我国关于女职工假及其待遇的法律规定主要有《劳动法》《女职工劳动保护特别规定》《人口与计划生育法》，企业依照上述法律和政策规定执行。

7. 病假

病假是指劳动者本人因患病或非因工负伤需要停止工作休息或医疗的假期。企业需要根据劳动者本人实际参加工作年限和在本单位工作年限，给予一定的医疗假期。我国关于病假及其待遇的法律规定为《企业职工患病或非因工负伤医疗期规定》，其中"医疗期"问题不仅涉及员工病假期限，同时涉及企业因员工患病或非因工负伤不胜任原岗位工作而解除劳动合同的法律问题（法律规定员工患病或非因工负伤在规定的医疗期内企业不得与员工解除劳动合同）。"规定的医疗期"的确定见表9-3。

表 9-3　企业职工患病或非因工负伤医疗期

实际工作年限	本单位工作年限	医疗期
10 年以下	5 年以下	3 个月
	5 年以上	6 个月
10 年以上	5 年以下	6 个月
	5 年以上，10 年以下	9 个月
	10 年以上，15 年以下	12 个月
	15 年以上，20 年以下	18 个月
	20 年以上	24 个月

8. 带薪年休假

带薪年休假是指劳动者连续工作一年以上可以享受一定时间的带薪年假。我国关于带薪年休假的法律规定为《企业职工带薪年休假条例》，企业依照该条例规定执行。

9. 事假

事假是指劳动者因私事或个人原因申请的假期，通常根据企业制定的管理制度需要获得批准后方可请假。企业对于事假的期限以及月度或年度累计事假时间有一定的限制，并影响带薪年休假的享受。事假是无薪假，因此员工请事假应扣除工资，需要重申的是，计算员工事假应扣除的日工资，应以"月计薪天数"（21.75 天）而非"法定月工作天数"（20.83 天）为计算基数。

第四节 员工健康管理

　　员工健康管理是企业既传统又新兴的员工关系管理内容。随着人们生活水平的日益提高，企业员工对自身生理和心理健康问题日益关注，客观上反映了对企业员工健康管理的诉求。

　　员工健康管理是一种现代化的人力资源管理模式，它意味着人力资源管理模式从以"事"和"物"为核心的管理转向以"人"为核心的管理，更加关注人的重要性以及人的个性化需求，关注人力资本在企业发展过程中的核心作用，体现了企业对员工的人文关怀，彰显了对人的尊重和对人力资本的重视，具有重要的现实意义。

一　员工生理健康管理

　　员工生理健康管理是指企业对员工的生理健康状况进行跟踪、评估和管理的行为。这些行为通常包括评估和防范设备设施、工作场所和环境对员工身体的危害，例行健康检查与跟踪，控制延长工作时间管理，工间操运动，等等。

1. 设备设施危害防范

设备设施危害既包括机械设备运动（静止）部件、工具、加工件直接与人体接触引起的各种形式的机械性伤害，也包括现代电子设备或辐射源对人体部位的危害影响，既属于企业安全管理的范畴，也属于员工健康管理的内容。

2. 工作场所危害防范

工作场所是员工长年累月的工作环境，场所可能存在的环境问题是员工健康管理重点监察的对象。场所的典型危险有：化学和其他危险物质；噪声；极端的温度；生物性危害，如疾病与病菌；人类工程学的危害，负荷超出人的生理范围、长期动态或静态操作姿势、不自然的工作姿势、劳动强度过大或过分用力等对人体的危害；常见的安全危险，如湿滑的地板、通道被堵塞等。

企业对工作场所环境监测、评估和持续改善，以防止职业病和其他危害的发生，既是对员工生命健康的尊重和爱护，也是一项成本最低的安全与健康管理措施。

3. 健康检查

健康检查是企业普遍采用的健康管理手段，通过定期组织的健康检查，调查员工的健康状况及健康问题，并建立员工健康档案，进行跟踪和帮助，预防和控制健康问题的发生和发展。

4. 时间负荷管理

工作时间负荷直接影响员工的健康状况。据报道，随着经济不断发展，我国员工的工作时间越来越长。控制员工延长工作时间和加班现象是企业员工健康管理的重要内容。

5. 工间操运动

针对"白领"人员以脑力劳动为主、身体活动量较少的岗位特点，许多企业开始实行在工作时间内安排一定时间进行工间操运动，以增强员工体质，调节员工的工作状态，这对于改善员工身体健康水平和提高工作效率都有裨益。

二 员工心理健康管理

员工心理问题已成为企业管理中面临的重要问题，员工心理健康管理日渐凸显其重要性和必要性。社会竞争日益激烈，在企业领域和职场上，职业压力、职业环境、人际关系、职位升迁、成就动机、工资福利待遇差异等，都直接影响员工的心理健康状况，对员工心理健康的管理是企业员工健康管理的重要组成部分。

有调查显示，企业中最普遍和最突出的心理健康问题是压力问题，无论是企业管理者还是一线员工都存在不同程度的压力问题，因此，大多数企业把员工压力管理作为员工心理健康管理的主要内容，并视其为企业人力资源管理一项新的职能。

1. 压力管理

产生工作压力的外部因素很多，这些因素包括目标任务、计划进度、人际关系、绩效评估以及与客户有关的问题等。大量的数据显示，职业压力已经成为全球"流行病"，研究发现，有 $50\%\sim80\%$ 的疾病都是与心理疾病和压力有关的疾病，过度的工作压力对企业和员工都有严重的后果。

（1）过度压力的危害。首先，过度的压力严重危害企业员工的身心健康。当感受到过大压力时，通常会出现焦虑、沮丧、愤怒、异常疲劳或体力透支、呼吸急促或头晕、饮食量比平时增加等身体不适症状；在心理健康方面，容易出现"心力衰竭"的现象，即为了达到一个不现实的工作目标而疲于奔命，导致体力和脑力资源的全面耗竭。对于企业来说，员工过度的压力对企业的整体绩效将产生严重的影响，包括员工工作成果的质量与数量下降、缺勤率和离职率上升、企业创新能力下降等。因此，对压力的管理与有效应付是当代企业管理者应密切关注的问题。

（2）压力调整与管理。压力调整与管理包括组织调整与个体调整，以及组织与个体的结合。

组织可采取的调整措施包括：将组织目标调整到可实现的合理范围，即调整组织的核心压力源；创造良好的组织氛围，减少工作中的个人冲突；管理层与员工之间进行公开的沟通；支持员工的努力，公平对待员工；确保工作与人事相匹配，因为错误会引起压力；让员工能更多控制自己的工作；为员工提供包括专业咨询在内的援助计划；等等。

员工的个人调整则需结合个体的实际能力和情况进行，具有明显的个体差异。可以采用以下方法减轻工作压力：与同事建立一种有益的、令人愉快的、合作性的关系；量力而行；与上司建立一种特别有效、能获得支持的关系；与上司就重要的项目协商，写出切实可行的截止日期；尽可能多地了解即将发生的事件，并尽可能地早做准备；每天都要找时间放松身心；在办公室周围散散步，让身体休息一下；想办法减少不必要的噪声；减少工作中的琐事，可能的话，将日常事务分派出去；对一些讨厌的问题，不要拖着不处理；列出"烦恼清单"，包括每个问题的解决办法。

2. EAP 计划

EAP（employee assistance program）即"员工帮助计划"，是由组织为员工提供的一套系统服务，通过专业人员对企业员工提供诊断、辅导、咨询和培训等服务，解决员工的各种心理和行为问题，改善员工在组织中的工作绩效。EAP 主要包括初级预防、二级预防和三级预防三方面内容，其作用分别是消除诱发问题的来源、教育和培训、员工心理咨询与辅导。

EAP 内容包括压力管理、职业心理健康、裁员心理危机、灾难性事件、职业生涯发展、健康生活方式、家庭问题、情感问题、法律纠纷、理财问题、饮食习惯、减肥等各个方面，全面帮助员工解决个人问题。

EAP 提供以下七类服务。

①管理员工问题、改进工作环境、提供咨询、帮助员工改进业绩、提供培训和帮助、将反馈信息传递给组织领导者，及对员工和其家属进行有关 EAP 服务的教育。

②对员工问题进行保密以及提供及时的察觉和评估服务，以保证员工的个人问题不会对他们的业绩表现有负面影响。

③对那些拥有个人问题以致影响到业绩表现的员工，运用建设性的对质、激励和短期的干涉方法，使其认识到个人问题和表现之间的关系。

④为员工提供医学咨询、治疗、帮助、转介和跟踪等服务。

⑤提供组织咨询，帮助他们与服务商建立和保持有效的工作关系。

⑥在组织中进行咨询，使得政策的覆盖面涉及有关不良现象或行为，并对相关员工进行医学治疗。

⑦确认该计划在组织和个人表现中的有效性。

课后思考

1. 我国社会保险的主要险种有哪些？

2. 社会保险与商业保险有哪些区别？

3. 什么是最低工资？最低工资标准的应用意义是什么？

4. 国家法定节假日有哪些？

5. 员工健康管理包括哪些方面？

第十章

员工行为约束与激励管理

🎓 学习目标

①了解员工纪律管理是企业为了保证正常的工作和经营秩序，而对员工行为进行规范的一种正式管理行为。

②了解员工惩戒管理的性质，企业有责任和义务对员工的违纪行为进行惩戒管理。

员工行为约束与激励是企业约束机制和激励机制的重要组成部分，企业对员工何种行为进行约束或不约束，体现了企业的价值观取向和文化特征。现实中，企业在对待员工行为约束与激励的态度与机制上差异甚大，因而不同的企业会塑造出不同的员工群体。在职场中，通常具有知名企业、绩优企业、大型上市公司职业背景的员工，除在专业能力上体现出值得信赖的专业价值外，还具有其他隐性价值。这些隐性价值包括价值观、思维习惯、行为习惯、自觉意识、自我约束与管理等，而对员工行为约束与激励的管理就是造就这些隐性价值的重要途径。

第一节　员工行为规范

员工行为规范是指企业强制要求员工具有的共同行为特点和工作准则，它具有明显的强制性、导向性和约束性，通过组织倡导和推行，在员工中形成自觉意识，达到规范员工的言行和工作习惯的效果。

一　员工行为规范的内容

员工行为规范侧重于员工对内对外的通用行为准则，通过规范人的行为，树立企业整体形象和个人形象。员工行为规范的内容通常包括以下方面。

（1）电话用语规范。主要规范员工使用公用电话的程序与用语，电话联络是对外形象的主要展示渠道，也是企业与外界常用的互动方式。规范的电话用语，对于树立企业形象、提高工作效率、维护对外关系具有重要意义。

（2）接待规范。主要规范员工对来访人员的接待以及接机、接车等行为的程序与方式。

（3）拜访规范。主要涉及员工对外拜访的行为规范。

（4）举止规范。主要涉及员工在内在外的行为规范，包括坐立行走的姿态，体现公司及员工的综合素养。

（5）仪容仪表规范。主要涉及员工的外在仪表规范，包括着装、卫生、仪容等规范要求。

（6）办公场所规范。主要涉及员工在办公场所或厂区工作和休息的规范。

（7）会议规范。主要规范会议组织与参会人员的行为。

（8）门禁出入规范。主要涉及员工出入公司和工厂的行为规范。

（9）工作餐规范。主要涉及员工在公司就餐的行为规范。

二　制定员工行为规范的注意事项

员工行为规范在所有的企业中并没有统一的标准，企业应当结合自身的行业特点、文化特征、制度规定以及其他企业特点，制定操作性较强的员工行为规范。

（1）系统严谨，具有一致性。员工行为规范要与企业理念保持高度一致，与企业已有的各项规章制度保持一致，对员工行为的具体要求不能与企业制度相抵触；行为规范自身的各项要求应该和谐一致，不能自相矛盾。系统严谨、和谐一致的规范要求容易被员工认同和自觉遵守，有利于形成企业文化合力，塑造和谐统一的企业形象。

（2）明确细致，具有操作性。行为规范要便于全体员工遵守和对照执行，其规定应力求具体、明确而细致，具有可操作性。如果规范要求空洞、泛泛，不仅无法让人遵照执行或者在执行过程中走样，而且会影响整个规范的严肃性，最终导致规范成为一纸空文。

（3）力所能及，具有合理性。员工行为规范应结合企业现实基础，实事求是，员工基本做不到的或不合情合理的要求，不要列入规范内容，应避免那些看起来很重要但不合常理的要求。

（4）应时应景，具有针对性。员工行为规范的各项内容及其要求的程度要从企业实际特别是员工的行为实际出发，有针对性，以便对良好的行为习惯产生激励作用，对不良的行为习惯产生约束作用，以引导和强化员工沿着符合企业预期的方向改善自己的行为习惯。"放之四海而皆准"的员工行为规范，即便能够对员工的行为产生一定约束，但对于塑造特色鲜明的企业形象没有作用。

 专　栏 ···

×××公司员工文明行为规范

一、文明通话

基本要求：声音清晰、柔和，用词准确，话语简练。

1. 拨打电话

（1）准备充分。在拨打电话前，首先调整好心态，认真思考以下几个问题。

①要讲哪几件事。

②如何阐述自己的观点。

③要找的人不在怎么办。

（2）电话接通后，先问候（必要时通报自己的单位、部门、姓名），然后告知所要找的人或所要办理的事情。

例：您好，请问×××在吗？

您好，麻烦您帮我找一下×××先生听电话好吗？

（3）在对方找人或查找资料期间，不要做别的事情或与别人聊天，应持话筒静候。

（4）如要找的人不在，切不可毫无回音地将电话挂断，而应该谢谢对方后轻轻放下话筒。

（5）打完电话应礼貌道别，待对方切断电话后再放下话筒。

2. 接听电话

(1) 铃声两响，迅速接听。

(2) 主动问候对方，并报出自己的单位、部门。

例：您好，×××公司。

(3) 对方说出要找的人或要办的事情后，根据不同情况分别对待。

①对方要找的人不远，应该说"请稍候，我去请他听电话"，然后迅速告知相应人员。

②对方要找的人不在或事情不能马上办理，就礼貌地向对方解释，可主动询问对方的单位、姓名、要讲的事情，最好给对方一些合理的建议。

例：对不起，他正在开会。请问您是哪位？有什么事吗？

他出门去了，估计明天回来，您明天再打电话来，好吗？

对不起，他现在不在这里，有什么事我可以转告吗？

③外来推销的，询问情况后，应该说"请留下您的单位、姓名和联系电话，我们将根据公司的需要再联系"。

④有特殊情况的酌情处理。

(4) 接听过程中不时用"嗯""是""好的"表示聆听，明白对方意思后及时给予适当反馈。

(5) 与比较熟悉的人通话应简洁利索，直奔主题，切忌没话找话扯谈，严禁说"你猜我是谁""你知道我在哪里吗""想知道我在干什么吗"。

(6) 对方拨错电话号码应说"对不起，您拨错电话号码了，这里是×××公司，请您另拨一次"。

3. 注意事项

(1) 注意音量，不要大喊大叫影响他人工作，应使对方有在一至两米范围亲切交谈的感觉。在大办公室工作的部室员工更应压低声腔，让对方能清晰地听到你的声音就可以了。

(2) 通话时，姿势端正，聚精会神。

(3) 通话时间不宜过长。

(4) 在办公室内禁止用免提键。

(5) 通话结束时，礼貌地问一下对方是否还有事，如确定已讲完，应说再见，并待对方挂机后再轻轻放下话筒。

(6) 接完电话应礼貌道别，待对方切断电话后再放下话筒。

(7) 不得打出私人电话。

(8) 接听私人电话特别是方言私人电话，要长话短说，不得超过 3 分钟，禁止扯谈聊天。

二、文明接待

1. 在办公场所

(1) 客人来访前，适当整理办公室，并准备好相应的资料。整理一下服饰，考虑好与来客将要讨论的问题。

(2) 要等待客人，而不让客人等待。

（3）客人进入时，应立即停下手头工作，热情招呼。

（4）保持双手清洁，握手时，应由长辈、女性、领导先伸手，握手姿势端正，身体稍向前倾斜，用力适度，并正视对方眼睛。

（5）引领客人，应在左前方相距2～3米处，随客步轻松前行，近转弯处或台阶处要回头向客人示意。

（6）乘电梯，应先进入然后一手撑住电梯门，敬请客人进入，再按楼层钮。电梯到达指定楼层，关照客人先出电梯。

（7）敬请客人入内，应轻轻推转门把手，推开时应顺势先进入室内，换手轻按门把手，然后侧身向客人说一声"请进"，同时做出引导客人入内的手势。

（8）奉茶。应在客人就座后，未开始谈正事前奉茶。茶杯要求口无残缺，杯内无茶渍。奉茶的顺序要由最重要的客人开始，先给每位客人，再为自己公司的人上茶。奉茶完毕后，与会客无关的员工应主动、安静地离开。

（9）接递名片。

①名片最好放在名片夹内。

②送人名片时，一定要把拿出来的名片正反面都仔细检查一下，确定是否自己的名片，并且是否清洁干净。

③递送名片要用双手，而动作要慎重。使名片正面朝上，并以能让对方顺着读出内容的方向递送。自己的名字如有难读之处或特别读法，应当场加以说明。

④接受名片时，要用双手从名片的下方接过，仔细看过后，收到上衣口袋或名片夹内，而不要随便扔在桌上或放在手上把玩，更不要当着对方在其名片上做谈话笔记。

（10）介绍。

引见介绍时，应将职位低者介绍给职位高者，先年幼的、后年长的；在介绍过程中要有礼貌地以手示意，简要介绍被介绍人的单位、职务、姓名。

（11）谈话。

①谈话时面部表情要温和，要镇定，并且认真思考，对他人观点表示赞同时，可以点头或适当面带微笑。

②慎重处理客人询问。

③面对客人，不可做出抓头、搔痒、剔牙、擤鼻涕、打喷嚏等动作。咳嗽、打喷嚏时，应用手捂着嘴，侧向一旁，把声音降到最低程度。

④切勿谈话时干其他事或不时看表。如电话铃响，应先向客人说"对不起，我接个电话"，然后再接电话。

⑤谈话距离应保持1米左右，声音清晰温和，坐姿端正。注意谈话音量，不要大喊大笑影响他人工作。

（12）临时到访客人的接待。

①有客来访，即起身迎接，问明对方找哪名员工。

②了解客人情况（其姓名、单位、来意等）。

③对上门推销人员：礼节平和简单，了解其厂（商）家情况，留下联系电话，并将信息分类登记，方便今后联系。

④对拜访公司领导的来客或业务单位人员，礼节尊敬（公司领导一般在事先会告知）。

⑤找公司领导的，需问明有无预约，然后向公司领导汇报。

⑥有预约：经公司领导确认后请客人进入其办公室。

⑦无预约："很抱歉，我需联系后转告您，请稍等。"公司领导不在的，则请客人留下单位、姓名、联系电话，告知"我将及时转告"。当不接见时，礼貌而委婉地告知领导现在不在公司，再行安排。

（13）营造良好待客气氛。

①保持工作场所整洁安静，不得大声叫喊、串岗、交头接耳。对于资料与物品，要轻拿轻放。走路时要防止鞋跟发出很大的噪声。

②对客人不能置之不理或冷眼相视。

③客人从对面走过来，员工应主动停止让至一旁，在离客人约2米处，目视客人，面带微笑，轻轻点头致意。如同一方向不应超越客人，确有急事，要先招呼"对不起"，然后侧身通过。

④不要随便打断他人谈话。迫不得已时，应先说"对不起，请允许我插一句话"，并且注意控制时间。

⑤宾客尚未离去时，不得擅离岗位或提前清理物品、打扫卫生。

（14）送别。

①客人离别时，应提醒他们还有没有其他需要商谈、讨论的问题，检查一下该带的东西是否都带走。

②如果是将客人送至门口，应在客人的身影完全消失后再返回。

（15）接站、接机。

①员工代表公司迎接客人前，应事先了解来客姓名、性别、身份、职务、来访目的、特别需求等，详细了解客人乘坐的航班或车次、到达的具体时间。

②迎接客人一般应提前15分钟到达，做好必要准备，不要出现客人等待接站人员的现象。

③客人到达时应快步上前致礼问候，如"欢迎您到来，路上辛苦了"，同时自我介绍，并帮助拿行李，如客人不需要时不可勉强。

④客人如有托运行李，应主动帮助提取。

⑤若接待团体客人，应根据人数相应准备车辆。如人多而接站人员又不熟悉对方人员情况，可将名单交给对方领队，让对方领队帮助清点人数和安排就座。

⑥在陪同乘车的路上，可简要介绍有关风俗民情、气候物产、旅游景点、会议安排等内容。

⑦将客人送到客房后，稍事寒暄即告辞，让客人休息；退出前，应介绍下次见面的时间地点，使客人放心。

（16）对相关职能部门的来访。有预约的请预约人员会谈；无预约的由行政部负责接待，详细问明事由后酌情处理。

2. 司机

（1）上车。

①小车司机要把车开到客人或领导容易上车的位置，视天气状况决定是否先把空调打开，并立在车门外，随时准备开门请客上车。

②小车司机在接送客人时，应主动为客人提拿行李。

③一般情况下，小车座位后排左侧为主宾位，后排右位为主人位，司机旁的位置为助手或陪同人员位。如客人有自己的乘车习惯的，应按照其习惯安排座位。

④在客人或领导已坐好，衣裙不影响关门时，轻关车门，并由车后绕至司机座位。

（2）下车。

①车停稳后，小车司机要迅速下车，由车后绕至离客人最近的车门外，拉开门请客人下车。

②如遇下雨天，要撑伞服务。

③应时刻注意保持车容车貌，随时擦拭与保养等，车内可见处不应放置杂物。

三、文明拜访

①拜访前要事先约定时间、地点。

②有约定一定要遵守，有意外情况发生不能按时赴约，要尽早联络，表示歉意，请求对方谅解。

③凡是约会，应提前 5 分钟到达。拜访前应注意自己的仪表。

④进屋前，应先敲门或按门铃，征得主人同意后方可入内。进屋后，应向所有相识的人打招呼，对陌生人也应点头致意。如主人不主动介绍，不应询问他们与主人的关系以及来访的原因等。

⑤如室内有禁烟标志，不要抽烟。

⑥主人请你入座时，应致谢，并随主人指点的座位就座，不可以见座位就坐。

⑦拜访时间不宜过长。

⑧拜访时，注意自己的举止，尤其应避免咳嗽、抖脚、搔头等不文明小动作。

⑨告别前，应对主人的友好、热情表示感谢，并礼貌道别。如还有其他客人，也应向他们打招呼。

⑩主人送你出门，应劝主人留步，并主动伸手握别，当走到门外第一个拐弯处时，一定要回头看看主人是否还在目送，如果主人还未返回，应挥手向主人示意，以示最后的致谢。

四、文明举止

1. 坐

基本要求：端正、稳重。

①入座轻缓。

②坐下后，上身正直，头正目平，面带微笑，腰背稍靠椅背，两腿自然弯曲，小腿与地面基本垂直，两腿平落地面。两膝间的距离，男子以松开一拳为宜，女子则不分开为好。

③切忌猛起猛坐，前俯后仰，抖动腿脚，把脚藏在座椅下或伸得老远。

④起身离开座位时，将椅凳推入桌洞。

2. 立

基本要求：挺拔自然。

①挺胸收腹，双手自然下垂。

②切忌东摇西摆，双手叉腰，双腿乱抖或打拍子。

3. 行

基本要求：从容稳健。

①上身正直，两肩相平，两臂自然摆，两腿直而不僵，步幅适中均匀，两脚落地基本一线。

②切忌用手反背于身后，身体乱晃乱摇，步子太大或太小，双手插入裤袋。

4. 手势动作

基本要求：自然优雅，规范适度。

①介绍某人或为客人引路指示方向时，应掌心向上，四指并拢，大拇指张开，以肘关节为轴，前臂自然上指伸直。指示方向时，上体稍向前倾，面带微笑，自己的眼睛看着目标方向，并兼顾客人是否意会到目标。

②与客人交谈时，手势不宜过多，动作不宜过大，切忌用手指指点点。

五、文明仪表

1. 头发

适时梳理，不能有头屑。

2. 面部

要注意清洁与适当的修饰，男子胡须应刮干净，鼻毛应剪短。女子以淡妆为宜，避免使用气味浓烈的化妆品。

3. 指甲

要经常修剪与洗刷指甲，保持指甲的清洁。

4. 个人卫生

做到勤换衣袜，勤漱口，身上不能留有异味。上班前不能喝酒，忌吃葱、蒜、韭菜等刺激性异味食物。工作时间勿吃槟榔、口香糖或零食等。

5. 着装

①上班时应衣着质朴大方，得体适宜。

②上班时不穿短裤背心，不能光脚穿鞋，不能穿带钉鞋、拖鞋（包括拖鞋款式的鞋），不能赤脚。

六、文明问候、致意

①同事之间上班初次见面应相互问候。

②一天内第二次见面，点头示意则可。

③下班前要道"再见""明天见""我先走了"等，先走的主动打招呼。

④别人主动向你打招呼时，必须有回应。

⑤公共场合远距离遇到相识的人，不应大声喊叫问候，也不能超越他人或横穿过道去握手，只需点头或举手示意即可。

⑥与相识的人擦身而过，应回身说"你好"，以示致意。

⑦外来客人进入公司办公场所时，公司员工先见到的应主动问候。

七、文明办公

①办公场所走路脚步要轻，速度快而适当，脚跟不得发出刺耳的响声，不随意快跑，不在人缝中穿过抢先行走。

②进入领导办公室汇报工作，如领导正在与他人交谈或商量工作，应稍加等候，不得直接到领导面前而打断他人。

③进入领导或其他办公室请示、报告或沟通工作，要先敲门，得到允许后方可入内；敲门要注意声音大小和间隔时间。

④出入办公室开门、关门动作要轻，尽量不发出碰撞的响声，未完成开、关门全程，手不离门把手。

⑤在办公室内交谈工作或打接电话，注意音量适度，尽量不影响同室其他工作人员。

⑥不得在办公室内大声呼唤，高声叫人或相距间隔高声谈笑，有事应走到有关人员面前轻声交代。

⑦上班时间不得谈论与工作无关的事宜，不得到其他办公室随意走动、串岗、闲聊。

⑧每天提前5分钟到岗，做好清洁及准备工作。

⑨经常整理办公桌、抽屉，办公用品摆放整齐有序。

⑩纸屑、杂物等及时丢入纸篓，不得乱扔乱丢。

⑪爱护一切办公设施。

⑫遵守作息时间，不迟到、不早退。

⑬节约每一度电、每一滴水，不得有"长明灯""长流水"。

⑭保持认真、敬业的态度，不讲脏话，不开粗俗的玩笑，不伤害人格，不打骂他人。

第二节　员工手册

员工手册是企业提供给员工（通常是新员工）用于了解和掌握企业发展历程、文化理念、发展愿景、内部流程、规章制度、行为规范等内容的文件指南，主要以企业人力资源管理为核心内容，既是企业制度、文化与战略的浓缩，又是企业制度体系、流程体系和文化体系的丰富与补充，并发挥着展示企业内涵和传播企业文化的作用，也是企业建立员工约束机制和激励机制的重要内容。

员工手册不具有特定的法律意义，所包含的企业内部规则和规章制度内容，虽然对员工具有指导性和规制性，但主要体现其指南意义，没有企业的制度文件所具有的系统性和正式性。但当企业制度体系出现某种内容上的缺失时，在员工手册内容中已作补充并履行了合法程序，则该员工手册具有与规章制度同等的法律效力。

扫一扫

员工手册

一 员工手册的主要内容

员工手册的内容没有统一的规范标准，因企业而异。既可以包罗万象，涵盖所有需要员工了解的、与员工有关的、可以公开的内容；也可以化繁为简，精选那些只需要员工必须了解和掌握的内容。常见的员工手册主要包括以下内容。

（1）前言。陈述编制员工手册的目的、手册适用范围、有关名词和概念的定义解释等。

（2）欢迎辞。董事长或总经理致辞，或公司欢迎辞，主要表示对新员工的真诚欢迎，描述公司使命、发展愿景、核心价值观，表达对员工的美好愿望，等等。

（3）公司介绍。介绍公司基本概况、发展历程、组织机构等信息。

（4）企业文化理念。陈述和阐释企业宗旨、使命、精神、经营理念、核心价值观、作风、信条、伦理、愿景等核心理念。

（5）入职指引。介绍新员工入职程序及注意事项。

（6）纪律与规范。摘录公司管理制度中有关员工纪律、行为规范的部分。

（7）劳动合同。涉及员工劳动合同的签订、解除、终止等内容，摘录公司劳动合同管理制度中的核心内容。

（8）薪酬与福利。涉及员工薪酬结构、等级、标准和福利待遇项目等，摘录和提炼公司薪酬福利管理制度中的主要内容。

（9）绩效与评估。涉及员工绩效管理内容。

（10）培训与发展。涉及员工培训、晋升、职业通道、个人发展等内容。

（11）员工奖惩。摘录公司奖惩条例制度中的主要内容。

（12）申诉与沟通。涉及员工问题申诉程序和员工关系内部沟通程序与内容。

（13）职务行为准则。涉及职务人员对外商务廉洁规定等内容。

二 制定员工手册的注意事项

起草与编纂员工手册是一项系统和复杂的工作，通常由人力资源部负责组织相关人员撰写。主要撰写人需要对公司基本情况较为熟悉，具有较强的系统思维能力、文字方案撰写能力以及较全面的人力资源管理知识和劳动法律知识。撰写人的这些能力与知识决定了员工手册的质量和品位。

企业编纂人员要善于借鉴那些适合本企业的行业特点、规模大小、繁简程度的优秀企业的样本，结合企业自身具体情况进行撰写。此外，还应当注意以下事项。

（1）合法合规，避免无效。员工手册包含了企业内部规则、规章制度、劳动关系等内容，通常是这些内容的提炼和浓缩，这些规制应符合法律法规、相关政策的规定，合法合规，不与现行法规相冲突，并履行了有关法定程序，比如工会或职工代表审核、公示等。

（2）内涵一致，避免矛盾。员工手册所载明的各项内容应与实际的制度体系和流程体系融合一致，不能相互矛盾和冲突，以避免损害内容的严肃性和有效性。

（3）简繁适宜，避免冗繁。员工手册可以包含与员工有关的所有内容，但应保持其精练性和浓缩性，不宜太过冗繁，成为一个大杂烩，损害其可读性。

（4）条理清晰，避免紊乱。员工手册是侧重于企业人力资源管理规范的系统文件，内容较多，应注意提纲挈领，条理清楚，具有内在逻辑性，使人容易接受和记忆。

（5）富有特色，避免雷同。规模性企业通常都制定了员工手册，式样繁多，可借鉴性强，但企业应制定符合自身特色尤其是文化特色的文本，切忌抄袭照搬和雷同。

（6）版面美观，避免粗陋。员工手册的版面设计和包装涉及企业文化传播力和企业形象等因素，应尽可能制作精美，品相质地优良，彰显价值。

专　栏

×××股份有限公司员工手册

前　言

1. 本条例根据国家有关法规以及公司章程，就公司人力资源管理的基本事项而制定，为职员提供有关权利、责任和义务的详尽资料。

2. 本条例适用于经公司总部人力资源部批准录用的所有职员。

3. 本条例所称"公司"（或"集团"）指×××股份有限公司，包括总部及所有控股企业和参股企业。

4. 本条例所称"控股企业和参股企业第一负责人"（以下简称"负责人"）是指×××股份有限公司控股企业和参股企业中承担全部经营管理责任的领导人。包括：控股企业注册登记的法定代表人；无法人资格的独立核算经营单位的负责人；法定代表人不实际负责企业经营管理的，由其授权委托的全权代表为负责人；参股企业中，我方派驻参股企业、参与经营管理，职位最高的职员。

5. 本条例所称"职务行为"，指以公司职员身份所为的经营管理行为，以及会影响其正常履行职务的个人行为。

6. 本条例所称"控股企业"，指公司所持股份超过50％的企业。

7. 本条例所称"参股企业"，指公司所持股份少于50％的企业。

第一章　入职指引

一、个人资料

1. 加入公司时，职员须向总部人力资源部提供身份证、学历证明（大学本科及以上需提供毕业证书、学位证书）、工作证明、婚姻状况证明的复印件以及近期体检报告和免冠近照，并亲笔填报准确的个人资料。

2. 当个人资料有以下更改或补充时，请职员于一个月内填写个人情况变更申报表，交给所在单位人力资源部门，以确保与职员有关的各项权益。

①姓名。

②家庭地址和电话号码。

③婚姻状况。

④出现事故或紧急情况时的联系人。

⑤培训结业或进修毕业。

3. 公司提倡正直诚实，并保留审查职员所提供个人资料的权利，如有虚假，将立即被终止试用或解除劳动合同。

二、报到程序

接到录用通知后，应在指定日期到录用单位人力资源部门报到，填写职员报到登记表。如因故不能按期前往，应与有关人员取得联系，另行确定报到日期。报到程序如下。

①办理报到登记手续，领取考勤卡、办公用品和资料等。

②与试用部门负责人见面，接受工作安排，并与负责人指定的入职引导人见面。

三、试用与转正

1. 试用期一般不超过六个月。在此期间，如果职员感到公司实际状况、发展机会与预期有较大差距，或由于其他原因而决定离开，可提出辞职，并按规定办理离职手续；相应的，如果职员的工作无法达到要求，公司也会终止对其的试用。

2. 如试用合格并通过入职前培训（包括脱产集中培训和在职培训），职员可填写《新职员基础在职培训清单》《新职员入职培训情况调查表》《新职员熟悉部门情况练习》《职员转正申请表》，由试用单位负责人签署意见（财务人员须由总部财务部审核），主管该业务口的公司副总经理审核后，报总部人力资源部审批。分公司正副总经理、总部部门正副经理及以上人员需由总部人力资源部审核，集团总经理审批。

3. 如在试用期内请假，职员的转正时间将会被顺延；若请假超过一个月，则作自动离职处理。

4. 从公司离职后，重新再进入公司时，职员的司龄将从最近一次进入公司起计。

四、入职引导人

试用期间，公司会指定入职引导人帮助新职员接受脱产集中培训和在职培训。入职引导人的职责包括向新职员介绍本部门职能、人员情况，讲解本职工作内容和要求，帮助了解公司有关规则和规定，为新职员安排脱产集中培训的时间，确认并协助取得《职员手册》等资料。任何有关工作的具体事务，如确定办公位、领取办公用品、使用办公设备、用餐、搭乘班车等，新职员都可咨询入职引导人。

五、工作时间

公司实行每周工作五天，平均每周工作时间不超过四十小时的工时制度。各控股企业和参股企业的工作时间安排可能略有差别，职员可咨询入职引导人。

第二章 职员纪律

一、办公管理

1. 上班时，仪表应保持整洁、大方、得体，男职员不可留长发。除外勤工作者以外，职员上班衣着基本分为以下两种情况。

（1）星期一至四。

男职员：着衬衫、西装、深色皮鞋，系领带。

女职员：着有袖衬衫、西装裙或西装裤、有袖套裙，着丝袜皮鞋。

（2）星期五。

可着与工作场所相适应的轻便服装，但短裤、无袖装、超短裙不在此列。

公司另有统一着装要求的，按具体着装规定执行。

2. 上班时间职员应佩戴名牌。转正后，公司将根据职员所提供的个人资料统一制作名牌及印刷名片。

3. 办公时间职员应坚守工作岗位，需暂时离开时应与同事交代；接待来访，业务洽谈要在洽谈室内进行。

4. 注意保持清洁、良好的办公环境，提高工作效率，不要在办公区域进食或在非吸烟区吸烟，不要聊天、高声喧哗。

5. 使用电话应注意礼仪，语言简明。

6. 职员的办公桌内不要存放大量现金及贵重物品，以免造成不必要的损失。

其他规定详见公司有关办公管理制度。

二、考勤制度

1. 上午上班前和下午下班后，职员要记住刷（打）卡，若因故不能刷（打）卡，应及时填写请假单报本部门负责人签字，然后送人力资源部门备案。

2. 如代他人刷（打）卡，每次会扣除双方薪金各50元，违纪三次以上除作上述处罚外，本年度薪金级别不予上调。

3. 无故不上班或故意不刷（打）卡作旷工处理，并给予行政处分或不超过当月薪金20%的经济处罚。连续旷工超过十五天，或一年内累计旷工超过三十天者，作除名处理，公司不负责其一切善后事宜。

4. 迟到或早退5分钟以上15分钟以下者，每次扣除薪金20元；15分钟以上两小时以下者，每次扣除薪金 50 元；迟到或早退超过两小时按旷工处理。

5. 请假须填写请假单，职员层由所在部门的经理签署意见，管理人员由上一级领导签署意见，获得批准并安排好工作后，才可离开工作岗位，同时请假单应交人力资源部门备案。

6. 请病假必须于上班前或不迟于上班时间 15 分钟内，致电所在单位负责人及人力资源部门，且应于病假后上班第一天内，向公司提供规定医务机构出具的建议休息的有效证明。病假期间扣除当日福利补贴。病假累计半年以上者，至第七个月起按岗位薪金数额的 70% 为基数发放。

7. 请事假将被扣除当日薪金全额及当日午餐补贴。

8. 因参加社会活动请假，应经领导批准给予公假，薪金照发。

9. 如赴外地出差，应填写出差单交人力资源部门备案。

三、工作相关责任

1. 公司鼓励职员相互间积极沟通交流，但切勿妨碍正常工作。

2. 职员要经常留意告示板和公司网站上的信息，但切勿擅自张贴或更改板上的通告。

3. 职员会接受安全知识教育，学到一些紧急情况下的自救办法。在受到损伤或观察到某些危险情况时，要及时采取有效措施并通知部门负责人。

第三章　薪金

一、发薪日期

公司按职员的实际工作天数支付薪金，付薪日期为每月的 15 日，支付的是职员上月 11 日至本月 10 日的薪金。若付薪日遇节假日或休息日，则在最近的工作日支付。公司将在每月付薪日前将薪金（不含午餐补贴）转入以职员个人名义开出的银行账户内，职员可凭存折或卡到银行领取。

二、薪金系列

1. 职员薪金一般由岗位薪金与福利补贴两部分构成；薪金均以税前数值计算。

2. 福利补贴包括住房补贴、午餐补贴、工龄补贴、司龄补贴、饮料费。

3. 补贴、社会保险（含商业保险）等一般以职员岗位薪金为基础计算基数。

4. 岗位薪金评定的依据：职员所在工作岗位的职责、职员工作能力、贡献。

5. 职员薪金由总部人力资源部统一管理，在集团范围内岗位薪金的定级采用统一标准。

三、薪金调整机制

1. 职员岗位薪金将可能在如下情况下发生调整。

①岗位薪金常规调整，即指公司有可能根据经营业绩情况、社会综合物价水平的较大幅度变动相应调整职员岗位薪金。

②公司将根据职员的工作业绩和工作能力进行奖励性薪金晋级。其对象为：经营活动中为公司创利成绩显著者；促进企业经营管理、提高经济效益方面成绩突出者；集团办公会认为应奖励的其他人员。

③职员职务发生变动，其岗位薪金相应进行调整，其薪金必须在该职务级别薪金范围之内。

④职员在年终考核中，被所在单位认为工作绩效低于平均水平，将可能被降低岗位薪金。

2. 岗位薪金晋级，新的岗位薪金从公司下发有关通知的下月 11 日起执行；岗位薪金降级，从公司下发有关通知的当月起。

3. 公司可根据职员即期表现上浮或下调其岗位薪金，以及时激励优秀、督促后进。

4. 除此以外公司原则上不再设置其他的岗位薪金调整形式。

第四章　福利

一、假期

1. 职员可享受本手册规定的重要节假日，其间公司照常支付职员的薪金。

2. 职员转正后可享受婚假、丧假、产假及护理假；在公司工作满一年后，职员可以按规定享受探亲假或年休假，这些假期均为有薪假期，只扣除当日午餐补贴。

3. 每年职员只能在年休假、探亲假中选休一种假期，并享受其待遇；职员可根据工作的安排并征得领导同意，获得批准后取假。

请假的一般程序如下。

①职员提前一个月向所在部门领导人和人力资源部门申报拟休假的种类和时间。

②具体休假时间，职员层由所在部门与个人协商后统一安排；经理层及以上由所在部门与总部人力资源部协商安排。休假期间若遇公众假日或法定假日，不另增加休假时间。

4. 凡符合以下情况之一的，不享受当年年休假或探亲假。

①一年内一次性病假超过 45 天或累计病假超过 65 天。

②一年内一次性事假超过 25 天或累计事假超过 30 天。

③一年内病、事假相加超过 50 天。

④一年内休产假超过 30 天。

如在年休假或探亲假后再请病假、事假超过上述规定时间的，则在下一年度取消年休假或探亲假。

5. 探亲假。

①与配偶分居两地，每年职员可享受一次为期 30 天的探亲假。

②未婚、父母均在外地居住，每年职员可享受为期 20 天的探亲假。

③已婚而父母均在外地居住，每四年职员可享受为期 20 天的探亲假，此假应在第四年享受。

④由于业务拓展需要被派往原工作城市外非家庭所在地工作，且外派时间超过 5 个月，职员可享受上述规定探亲假。

⑤享受探亲假者，公司将一次性发给 300 元补贴，不再报销任何费用。

6. 年休假（表 10-1）。

表 10-1 年休假规定

工龄 Y（年）	年休假时间
$1 \leqslant Y < 5$	5 天
$5 \leqslant Y < 10$	10 天
$10 \leqslant Y < 20$	15 天
$Y \geqslant 20$	20 天

①高中毕业直接考入大专或本科院校的，大专或本科院校的学龄每两年折合一年工龄，硕士及以上学龄计入工龄。

②享受年休假者，公司将发给 300 元补贴，不再报销其他费用。

7. 婚假。

公司对依《民法典》履行正式登记手续的转正职员，给婚假 7 天，如符合男 25 周岁、女 23 周岁及以上初婚的晚婚条件，另加 10 天假期。但职员必须在结婚注册日后 5 个月内取假。

8. 丧假。

直系亲属（指配偶、子女、父母或配偶之父母）死亡，公司给假 5 天。

9. 调动假。

异地办理行政和户粮关系调动手续，给为期 7 天的假期一次。

10. 女职员产假（表 10-2）。

表 10-2 产假规定

	产假	领独生子女证增加假期	产假合计
非晚育	90 天	35 天	125 天
晚育	105 天	35 天	140 天

产假以产前后休假累计。

11. 男职员护理假：10 天（限在女方产假期间）。

12. 哺乳假小孩一周岁以内，上班时间给母亲每天哺乳时间一小时（不含午餐时间）。

二、社会保险

1. 公司为本地区职员购买养老保险、工伤保险、医疗保险和住房公积金等社会保险项目。外地公司根据当地政府有关规定和公司有关决定执行。

2. 对于长期外派和外地公司的转正职员，若当地未实行相应医疗保险，则实行医疗费用定额管理，由各地公司单列会计科目。如有特殊病症，须到特定医院就诊，应向所在单位领导说明，经同意方可前往就医。

3. 购买医疗保险后，职员患病应凭社会保险机构发给的凭证，到规定的医院、卫生院等单位就医。在外地就医，应根据人力资源和社会保障局有关规定，办理审批手续，将药费单与诊断书交到人力资源和社会保障局报销。如有特殊病症，须到特定医院就诊，应事前向人力资源和社会保障局申请。公司将不再为职员报销医药费。

三、贺仪与奠仪（限转正后）

1. 贺仪。

①如职员办理了结婚登记手续（限转正后），符合晚婚条件，可将结婚证于注册后一个月内呈报总部人力资源部，公司将致新婚贺仪300元。

②如职员在子女出生6个月内向总部人力资源部出示子女出生证明，公司将致贺仪300元。

③如职员在子女入学一个月内向总部人力资源部出示入学通知，公司为职员子女入读小学、初中、高中、大学致贺仪300元。

2. 奠仪

职员在直系亲属（指配偶、子女、父母或配偶之父母）不幸去世一个月内知会总部人力资源部，公司将致奠仪1000元。

四、职员活动

1. 公司为保障职员的身心健康，每年将进行一次例行体检，并组织经常性的体育锻炼和娱乐活动。

2. 一般来说职员均有机会参与公司每年定期或不定期举行的各项活动，例如公司周年庆祝活动、嘉年华春节晚会、郊游等。

五、职员宿舍

1. 公司购置的职员宿舍是公司的固定资产，职员可依据公司规定申请入住；任何入住公司宿舍的职员须与公司签订"住房契约"并按规定交纳租金。

2. 公司职员宿舍的分配，综合考虑岗位责任、工作年限、婚姻状况等因素。

第五章 奖励和处分

一、奖励

1. 有下列情况，公司将予以奖励。

①为公司创造显著经济效益。

②为公司挽回重大经济损失。

③为公司取得重大社会荣誉。

④改进管理成效显著。

⑤培养和举荐人才。

2. 奖励分为年度特别奖和不定期即时奖励，年度特别奖须由所在部门推荐，总部人力资源部审核，集团总经理批准，奖励方式为授予荣誉称号、颁发奖状和奖金。同时公司规定管理人员可对职员的业绩表现、工作态度、敬业精神、管理创新等给予即时奖励。

3. 职员在公司服务满十周年，将获得由集团领导签发的纪念金牌。

二、处分

1. 对有下列行为之一者，公司将视情节轻重、后果大小、认识态度不同等给予行政处分或经济处罚（不排除犯有下列行为之外的过失也会受到处罚）。

①工作态度不认真。

②拒不服从合理的工作分配，影响工作。

③违反工作纪律。

④没有完成工作。

⑤玩忽职守，工作不负责任而造成事故或损失。

⑥工作中发生意外而不及时通知公司。

⑦损坏公物，影响公司正常秩序。

⑧虚报个人申述资料或故意填报不正确个人资料。

⑨擅自篡改记录或伪造各类年报、报表、人事资料。

⑩违反职员职务行为准则的规定。

⑪违反社会治安管理法规等。

2. 如职员行为触犯刑律，被依法追究刑事责任，公司将无条件对当事人予以解除劳动合同处理。

第六章　培训、考核与发展

一、培训与发展

1. 公司管理层以为职员提供可持续发展的机会和空间为己任。在公司，职员勤奋工作除可以获得薪金、享有福利以外，更可以得到公司适时提供的大量训练和发展机会。

2. 在公司除获得正规培训以外，职员还将自觉或不自觉地得到其他收获。

①学到怎样善用时间。

②学到如何发挥团队精神。

③学会如何管理、激励、培训其他人。

④学到更为有用的专业技术知识。

⑤交到很多新朋友。

二、培训体系

1. 培训的举办由集团一级培训和分公司二级培训共同运作。

2. 集团一级培训由总部人力资源部主办，主要负责主管级以上人员的管理培训、专业讲师培训、集团范围内的业务培训、在本地区的新职员培训以及职员自我管理培训，同时负责集团的培训管理工作。

3. 二级培训体系由各分公司主办，针对实际需要开展业务培训和新职员入职培训，并组织本公司业务、管理骨干参加外部培训。

三、培训形式

培训的形式主要包括脱产培训、在职培训、自我启发。

1. 脱产培训是就管理中共性的、有必要让职员理解和掌握的东西（如工作必需的技能、知识、公司理念等），对职员进行的集中脱产培训、研修。这种培训由专任讲师授课或主持。

2. 在职培训是指在日常工作中对职员的培养训练。公司通过制订工作计划、分配调整工作、听取汇报和意见、评价考核业绩、推进工作改善、帮助解决问题等途径对职员进行指导。

3. 自我启发是指职员自己加强学习，提高修养，不断开发和提高自身能力。为此职员必须要善用所有的学习资源，以获得进步和发展。

四、培训种类

培训种类主要有以下五种。

1. 公司内部课程。作为公司职员，为进一步了解公司，适应岗位职责要求，职员可申请或被指定参加公司内部举办的各种培训课程，课程类别主要有公司理念推广、自我开发、管理研修、专业技能训练等。

2. 公司外部课程。作为表现突出的骨干人员，为开拓思维，触发灵感，进一步提高管理水平和业务能力，职员可申请或被选送到外部管理顾问公司等专业培训机构参加短期课程，包括各种外部教育机构、培训中心所举办的短期培训课程、交流会。具体规定可以查询《外部培训管理办法》。

3. 双向交流。

职员若是总部职员，为增强工作实感，有可能被指定到一线经营单位去学习锻炼1~6个月。

职员若是一线骨干人员，也有可能被指定到总部或其他对口业务单位联合办公0.5~2个月，并总结提炼实际操作经验，以利于在集团范围内交流，实现集团资源共享，同时进一步系统了解公司运作特点。

4. 个人进修。

公司除举办各种培训班提高职员的素质外，也鼓励职员到高等院校或专业培训机构进修学习（包括攻读学位、上岗培训、参加其他资格证书考试等）。其形式有脱产进修和业余进修，其中脱产进修的申请条件要求在公司服务满三年以上。

参加各种形式的学习后，职员的结业（毕业）证书及成绩单须报总部人力资源部备案，作为调配、选拔以及任免的参考依据。个人进修的审批程序及获批准后的有关待遇规定详见《个人进修管理规定》《关于选派高级管理人员出国留学和赴境外进修的有关规定》。

5. 外出考察。为拓宽视野、丰富学习经验，公司将组织管理人员、专业人士以及荣获嘉奖的职员到外地考察。考察单位包括境内外的优秀企业或机构。

五、培训积分制度

职员参加各种培训并获得结业后，可以向人力资源部门申报积分，积分将是职员在公司参加培训的最全面记录。年度累计积分的多少是职员晋级或晋升的参考标准之一。不同类别的职员积分要求有所不同。具体的规定详见《公司集团培训积分管理制度》。

六、培训信息公布和查询

人力资源部门将定期公布培训信息，主要包括年度培训服务概览、月度培训及研修计划、外部培训信息、周培训信息以及网络版《培训资讯》。职员可以登录公司网站主页查询或咨询所在单位的人事专职人员。

七、考核评估

1. 为帮助职员总结个人工作得失，明确未来工作目标和工作要求，有针对性地改进和提高，公司将根据实际以分公司、部门为单位按月度展开适度的考核；同时每年总部人力资源部将进行全面性的职员考核，通过职员与直接上司共同填写《年度考核评议书》，对职员的工作表现、能力等进行综合考核评估。考核结果将作为职员薪金调整和职务调整的必要性条件。

2. 在月考核中成绩良好者当月岗位薪金可适当上浮；成绩欠佳者，则可适当下浮。凡年度考核成绩处于部门（单位）低下水平者，将丧失本年度加薪、晋升和评奖资格，同时必须在下次考核中有所改进。经岗位调整或培训，仍连续两次处于较低水平者，公司可能会与职员终止劳动合同。当年度考核成绩低下者，亦可能面临降职、降薪或终止劳动合同的处理。

八、内部调动

1. 公司有权根据职员的能力、工作表现和公司的实际需要，将职员调至集团内任何公司、任何部门工作，亦有权按业务需要指派职员前往全国各地及海外公干。任何集团系统内的私人协议调动都是公司不允许的，违者将作自动离职处理。

2. 总部人力资源部将经常公布集团内部职位空缺信息，职员可报名或推荐外界人才，由总部人力资源部及相关部门负责具体协调工作。

九、晋升机制

1. 公司鼓励职员努力工作，在出现职位空缺的前提下，工作勤奋、表现出色、能力出众的职员将获得优先的晋升和发展机会，公司在一定程度上执行竞争上岗制度。

2. 如果符合下列条件，职员将有机会获得职务晋升，薪金亦会相应增加。

①具备良好的职业道德。

②工作绩效显著。

③个人工作能力优秀。

④年度考核成绩处于部门中上水平。

⑤对有关职务工作内容充分了解，并体现出职务兴趣。

⑥具备其他与职务要求相关的综合能力。

⑦已参加过拟晋升职务须接受的系列培训，成绩合格。

⑧达到拟晋升职务所规定的工作阅历要求。

3. 公司行政职级顺序如下。

行政直线：职员→主管→经理→总经理→其他更高职位。

行政支线：助理职、副职等非直线职位列入行政支线。

第七章　劳动合同

为确立公司与职员的劳动关系，明确双方的权利与义务，公司实施全员劳动合同制管理。

公司的全员劳动合同制管理以国家颁布的《劳动法》和各地方相关劳动法规为依据，本条例未提及事项均遵照上述各项法规执行。

一、适用范围

职员在公司期间，均须与具有法人资格的所在公司订立劳动合同，确立劳动关系。

二、合同期限

1. 劳动合同的期限分为固定期限、无固定期限和以完成一定的工作为期限。

2. 在同一用人单位连续工作满十年以上，公司与职员双方同意续签劳动合同的，职员可以提出与公司订立无固定期限的劳动合同。

三、合同签订、续订、变更和解除

1. 新入职的职员，公司将在职员入职后与其签订劳动合同。

2. 对于有固定期限的劳动合同，公司与职员双方同意在劳动合同期满后续签劳动合同的，应在原合同期满前三十日内重新订立劳动合同。

3. 公司与职员双方经协商同意，可以变更或者解除劳动合同。

4. 职员有下列情形之一的，公司可以解除劳动合同，且可以不支付经济补偿。

①在试用期内被证明不符合录用条件的。

②严重违反劳动纪律或公司规章制度的。

③严重失职、营私舞弊，对公司利益造成重大损害的。

④被依法追究刑事责任的。

5. 有下列情形之一的，在征得总部人力资源部同意和征询职工委员会意见后，公司可以解除劳动合同，但应当提前三十日以书面形式通知职员本人。

①职员患病或非因工负伤，医疗期满后不能从事原工作也不能从事由公司另行安排的工作的。

②职员不能胜任工作，经过培训或者调整工作岗位，仍不能胜任工作的。

③劳动合同订立所依据的客观情况发生重大变化，致使原劳动合同无法履行，经当事人协商不能就变更劳动合同达成一致协议的。

④公司经营困难发生经济性裁员的。

6. 公司与职工委员会委员解除劳动合同必须经职工委员会同意。

7. 职员解除劳动合同，应当提前三十日以书面形式通知公司。如未能提前通知公司，给公司造成经济损失的，应根据国家有关劳动法规定承担违约责任。

四、完备调离手续

1. 双方终止或解除劳动合同，职员在离职前必须完备离职手续，未完备离职手续擅自离职，公司将按旷工处理。离职手续包括以下几条。

①处理工作交接事宜。

②按《调离手续完备表》要求办理离职手续。

③交还所有公司资料、文件、办公用品、《职员手册》及其他公物。

④退还公司宿舍及房内公物，并到总部人力资源部（本地区）或所在公司人力资源部门（非本地区）办理退房手续。由公司提出解除劳动合同的职员，临时确没有住房需租住公司住房的，必须与公司签订续租契约，租金按市价收取，租住时间不得超过一个月。

⑤报销公司账目，归还公司欠款；待所有离职手续完备后，领取离职当月实际工作天数薪金。

⑥离职职员户口及人事档案关系在公司的，应在离职日将户口、档案及人事关系转离公司，不能马上转离的，需与公司签订《离职人员档案管理协议》。

⑦职员违约或提出解除劳动合同时，职员应按合同规定，归还在劳动合同期限内的有关费用。

⑧如与公司签订有其他合同（协议），按其他合同（协议）的约定办理。

2. 第一负责人或重要岗位管理人员离职，公司将安排离职审计。

五、离职面谈

离职前，公司可根据职员意愿安排总部人力资源部或职员上司进行离职面谈，听取职员意见。

六、纠纷处理

合同过程中的任何劳动纠纷，职员可通过申诉程序向上级负责人或责任机构（职工委员会、总部人力资源部、劳动仲裁调解委员会）申诉，公司不能解决时可向当地劳动局劳动仲裁机构申请仲裁。

第八章　员工关系与沟通

公司一贯提倡良好、融洽、简单的人际关系；同时提倡个人与公司及个人与个人之间的沟通。

公司提倡坦诚沟通与合作，并相信职员在共同工作中会建立真挚的友谊。

一、沟通渠道

集团各级人力资源部门及职工委员会作为员工关系与沟通的主要责任机构，将为职员在工作满意度提升、劳动保障、职业心理辅导与申诉处理等方面提供帮助。各级管理人员同样负有相关责任义务。

二、意见调查

公司将通过定期的和不定期的书面或面谈式意见调查向职员征询对公司业务、管理等方面的意见，职员可完全凭自己的真实想法反馈而无须有任何顾虑。除此之外，职员可主动通过公司周刊、公司网站（网上交流）等渠道表达自己的想法。这些意见与建议将成为公司在经营管理决策过程中的考虑因素。公司虽不承诺职员的每一项想法均能实现，但公司会给职员以相应的答复。

三、信息沟通

为达到充分沟通的目的，公司定期和不定期地采用公司周刊、公司网站、邮件、公告板、会议等渠道向职员通报公司近期的经营管理信息，所有这些信息不仅有助于职员对公司的进一步了解，同时对这些信息的分析与判断也是帮助职员个人成长非常好的手段。

四、申诉程序

1. 当职员认为个人利益受到不应有的侵犯，或对公司的经营管理措施有不同意见，或发现有违反公司各项规定的行为时，可按申诉程序选择适当的申诉渠道向公司申诉。申诉方式可选用面谈和书面两种形式；如选用书面方式，申诉书必须具名，否则有关申诉有可能难以得到解决。

2. 原则上，职员的各层上级管理人员直至总部人力资源部、职工委员会甚至集团总经理或董事长均是申诉对象。但公司鼓励职员采用逐级申诉渠道反映情况；当职员认为不方便逐级申诉时，可以采用跨级申诉渠道。从解决问题的角度考虑，公司不提倡任何事情都直接向集团总经理或董事长申诉，但当职员坚持认为有必要直接向集团总经理或董事长申诉时，仍可以通过电子邮件以及其他方式直接向集团总经理或董事长申诉。

3. 各级责任人或责任部门在接到职员申诉后将在申诉事件涉及的相关当事人中进行调查，并根据调查结果尽快做出处理决定。处理决定将通过书面或电子邮件的形式通报给申诉者、单位第一负责人及总部人力资源部，职员如果对处理决定不满意仍可以继续向更高一级负责人或部门申诉。

五、职员申诉程序

由职工委员会与总部人力资源部、法律室成员组成的×××股份有限公司劳动仲裁调解委员会，负责受理职员在劳动纠纷方面的申诉。

第九章　职工委员会

1. 职工委员会是代表全体职员的利益并为之服务的机构。职工委员会的委员分布在公司各部门和各分公司，由职员投票选举产生。

2. 职工委员会由主席一名，执行委员、委员若干名组成，均为兼职；设专员和秘书各一名，负责日常工作。专员办公室设在公司总部。

3. 职工委员会的基本职能是参与、沟通、监督。

①参与决定职员福利基金、住房公积金等的使用。

②参与决定企业职员集体股以及职员集资成立的专项基金的运作和分配方案。

③参与公司住房制度改革、职员文化建设及培训方案的制订。

④参与职员薪金、奖金分配方案、劳动用工制度、职员持股计划及劳保福利待遇的编制并监督实施过程。

⑤维护职员的合法权益，监督职员医疗保险、待业保险以及养老保险方案的实施。

⑥充分反映职员意见，接受职员为维护自身利益而提出的投诉，并与管理层交涉。

⑦组织集团内部的文化、娱乐、体育活动。

第十章　职员职务行为准则

一、基本原则

1. 公司倡导守法、廉洁、诚实、敬业的职业道德。

2. 职员的一切职务行为，都必须以维护公司利益、对社会负责为目的。任何私人理由都不应成为其职务行为的动机。

3. 因违反职业道德给公司造成经济损失者，公司将依法追索经济赔偿；情节严重，公司怀疑其涉嫌犯罪的，将提请司法机关追究其刑事责任。

4. 在职员招聘或任用上，公司倡导举贤避亲、亲属或好友回避的原则，为人才提供一个公平的竞争环境；公司内如有亲属关系的职员，相互间应回避从事业务关联的岗位，公司也可以做出相应的岗位调整。

二、经营活动

1. 职员不得超越本职业务和职权范围，开展经营活动。特别禁止超越业务范围和职权从事投资业务。

2. 职员除本职日常业务外，未经公司法定代表人授权或批准，不能从事下列活动。

①以公司名义考察、谈判、签约。

②以公司名义提供担保、证明。

③以公司名义对新闻媒介发表意见、消息。

④代表公司出席公众活动。

三、兼职

1. 职员未经公司书面批准，不得在外兼任获取薪金的工作。

2. 禁止下列情形的兼职。

①在公司内从事外部的兼职工作，或者利用公司的工作时间和其他资源从事所兼任的工作。

②兼职于公司的业务关联单位或者商业竞争对手。

③所兼任的工作构成对本单位的商业竞争。

④因兼职影响本职工作或有损公司形象。

⑤主管级及以上职员兼职。

四、个人投资

职员可以在不与公司利益发生冲突的前提下，从事合法的投资活动，但禁止下列情形的个人投资。

①参与经营管理的。

②投资于公司的客户或商业竞争对手的。

③以职务之便向投资对象提供利益的。

④以直系亲属名义从事上述三项投资行为的。

五、利益

1. 职员在经营管理活动中，不准索取或者收受业务关联单位的利益，否则将构成受贿。

2. 职员在与业务关联单位的交往中，应坚持合法、正当的职业道德准则，反对以贿赂及其他不道德的手段取得利益。未经所在单位负责人书面批准，不得在有可能存在利益冲突的业务关联单位安排亲属、接受劳务或技术服务。

3. 职员不得利用内幕消息，在损害公司利益或者处于比公司以外人士较为有利的情况下谋取个人利益。

4. 职员不得挪用公款谋取个人利益或为他人谋取利益。

5. 职员不得用公款购买各种俱乐部会员卡或者供自己从事个人消费。

六、交际应酬

1. 公司对外的交际应酬活动，应本着礼貌大方、简朴务实的原则，不得铺张浪费。严禁涉及违法及不良行为。

2. 集团内部的接待工作，提倡热情简朴，不准以公款搞高标准宴请及娱乐活动。

3. 职员在与业务关联单位的联系过程中，对超出正常业务联系所需要的交际活动，应谢绝参加。

七、保密义务

1. 职员有义务保守公司的经营机密。职员务必妥善保管所持有的涉密文件。

2. 职员未经公司授权或批准，不准对外提供标有密级的公司文件，以及其他未经公开的经营情况、业务数据。

八、保护公司资产

1. 职员未经批准，不准将公司的资金、车辆、设备、房产、原材料、产品等擅自赠予、转让、出租、出借、抵押给其他公司、单位或者个人。

2. 职员对因工作需要配发给个人使用的交通工具、通信设备等，不准违反使用规定，作不适当之用途。

九、行为的自我判断与咨询

1. 职员在不能清楚判断自己的行为是否违反本准则时，可按以下方法处理。

①以该行为能否毫无保留地在公司公开谈论，为简便的判断标准。

②向所在单位人力资源部门或者总部人力资源部提出咨询。

2. 接受咨询的部门应给予及时、明确的指导并为当事人保密。

第十一章 其他

一、职员劳动安全

公司应当为职员提供安全的工作环境。

二、保护知识产权政策

职员必须遵守关于保护知识产权的各项政策及规定。

三、权利保障

1. 职员享有法律规定和公司制度赋予的权利，公司对这些权利予以尊重和保障。

2. 对于明显违反《职员手册》的指令，职员有权拒绝执行并有越级上报的责任。

3. 对违反人力资源管理制度，使职员自身利益受到侵犯的行为，职员有权向公司职工委员会提出申诉以得到公正待遇。

四、批准、修改与解释

1. 本条例经职工委员会讨论通过并经集团办公会议批准实施。

2. 本条例视实施情况，经职工委员会及集团办公会议批准后，可以修改。

3. 本条例未提及事宜，按公司及政府有关规定执行。

4. 本条例的解释权归×××股份有限公司人力资源部，如有不明事项，请向所在单位人力资源部门或总部人力资源部咨询。

五、其他

本手册同时以文本版和电子网络版形式与职员见面，两者具有同等效力。职员可通过个人专用或公司公用电脑查阅公司网站上的《职员手册》相关内容。

第三节 员工奖惩

员工奖惩即企业对员工的奖励和惩处行为和制度，是企业激励机制建设的重要组成部分。员工奖惩是企业常用的管理杠杆与工具。

一 员工奖励

员工奖励是对员工的某种行为给予肯定与表扬，使员工保持这种行为，通常也用于对员工或团体某种业绩成果、价值贡献的鼓励。奖励对于鼓励优秀的行为和结果、激发人的潜能、鞭策后进、调动员工积极性具有明显的管理效果。

1. 奖励的原则

奖励制度的设计以及权利人的奖励行为应符合某些既定原则的要求，避免无拘束的随意和滥用。奖励的原则主要包括以下几条。

（1）公平公正的原则。奖励本身就是创造公平感的行为，"多劳多得、优劳优酬"即体现利益分享的公平。尽管公平是一个相对概念，但明显失去公平性的奖励，不仅失去其激励意义，而且破坏组织的公平秩序和氛围，导致过度偏袒个别员工而损害其他员工的局面。

（2）物质奖励与精神奖励相结合的原则。人们不仅有物质上的需求，也需要精神上的满足感，精神奖励能弥补物质奖励的不足。相得益彰的物质奖励与精神奖励，丰富了正面激励的内涵，全面满足人们被激励的需求。

（3）奖励与受奖行为相当的原则。何种行为和成果受何种奖励，应有明确的范围界定，尺度与分寸得当，才能达到激励的效果。

（4）及时性原则。实践证明，奖励的及时性具有重要的意义，及时奖励对于受奖行为的保持和对组织的影响具有明显的效果；反之则消解效果。

2. 奖励的方式

奖励就其给付性质的不同，可分为精神奖励、物质奖励和职务奖励，三种奖励形式既可单独进行，又可合并实施。精神奖励即给予受奖人某种荣誉，如授予某种荣誉称号、通报表扬、通令嘉奖、记功以及发给奖状、荣誉证书、奖章等；物质奖励即发给奖金或者各种奖品；职务激励即予以晋级或者晋职，这种奖励的对象具有更进一步的限定性，由于牵涉到职务、职级，往往受到其他条件的限制。

二　员工惩处

与员工奖励相比，员工惩处是一门更难掌握的学问。惩处别人永远不是一件令人愉快的事，当启动一项惩处措施，对于管理者和被惩处者来说，都会感到焦虑和有压力。管理者需要考虑和评估惩处的效果及其对周遭的多重影响，更需要考虑被惩处者的反应，以避免事态超出预期。然而，员工惩处在管理中的意义却毋庸置疑。它通常比奖励更具有"刺激性"，一次义正词严、令人信服的惩处，比美妙的奖励更令人震撼和让人铭记，甚至令人终生不能忘却，因此，惩处也被称为"触动心灵的艺术"。当然，绝大多数的员工惩处是一种机械的"逻辑行为"，即依照事前的规则，出现了何种必须惩处的行为，则进行何种惩处，管理者只需考虑惩处的时机和评估惩处的最佳效果。

1. 惩处的原则

员工惩处是一种管理手段，其本身不是目的。惩处的目的在于向人们宣示错误行为及其危害，警示人们不要重复这种行为。为了达到惩处的效果，管理者应当遵行一定的原则。

（1）依法惩处原则。制度是一切惩处的依据和基础，对于企业来说，没有制度就没有惩处，依据现行制度进行惩处，有据可查，无可厚非，其惩处的负面影响和后遗症亦为最小。

（2）公正公开原则。相对于奖励，惩处的公开公正具有更加重要的意义。惩处的目的是教育本人和其他员工，如果惩处不公开，则失去惩处的本质意义。而公正则是公开惩处的前提条件，人们也许并不关心惩处行为本身，却更关心管理者是否秉公进行惩处以及怎样进行惩处。

（3）防微杜渐原则。惩处要从小事和细节着手，及时将错误扼杀在萌芽状态，以防止更大的错误和过失，从而达到"治病救人"和防微杜渐的效果。

（4）惩教结合原则。警示与教育是惩处的最终目的，以惩处为手段，惩教结合，对于个人成长和组织发展都有帮助，也体现了组织与管理者对人的尊重和爱护，而单纯的惩处只具有打击的意义。

2. 惩处的方式

员工惩处的方式可分为行政处分、经济处罚等，既可单独进行，又可合并实施。行政处分通常包括通报批评、警告、记过、降级、降职、辞退、开除等方式；经济处罚包括罚款、降薪等方式。这些方式的确定和运用取决于企业制度的设计与规定。在不同的企业，惩处的方式以及尺度分寸各不相同。

三 奖惩在现代企业中的应用

1. 奖励的应用

（1）奖励使用的偏好。员工奖励在不同的企业有不同的运用和偏好，通常与企业的文化和习惯有关。此外，奖励的应用还与企业所有制形式、企业所处发展周期有关。

（2）奖励的"艺术性"。事实证明，奖励工具广泛而灵活的应用可以创造企业的活力。奖励的使用应当游离于科学有序与灵活多变之间。管理者进行何种方式的奖励、奖励事出何"因"、奖励的时机、奖励的分寸和尺度，都在一念一线之间，取决于管理者的"管理艺术"，效果却大不相同。

（3）年终奖的应用。年终奖是企业最为常见的奖金发放方式，然而，这种传统的奖励方式如果与个人绩效和团队绩效无关，却只与分配的均衡性、岗位属性或特定的形式有关，将在事实上演变为一种员工福利，成为一种既定的"保健因素"，则其激励性已式微。时至今天，尽管人们对于年终奖的预期仍然停留在传统固有的习惯诉求中，但企业已在悄悄改变年终奖的固有属性。比如执行年薪制的中高层管理人员，其年终奖已被年度绩效工资所代替；非年薪制员工年终奖的计算也与其月度、年度绩效密切相关，而非固有的一种福利。

案例10-1

S公司的奖励规则

S公司奖金的数额经常会使用富有企业特色的数字。一份令人喜出望外的文字报告可能获得超过10万元的奖金，让人惊喜不已；一个项目的提前完成，可能拿到数万元的奖金；一个合理化的建议也能拿到数额不少的奖励。中层管理者会得到授权，对其部门人员进行奖罚，甚至可以在自身职能范围内向别的部门人员开出罚单或提出奖励。

耐人寻味的是，这些奖罚措施和激励行为并没有严谨一致的管理规则，一切根据管理和激励的需要，由执行人自主运用、自行发挥，把奖励的作用发挥得淋漓尽致。显然，如何发放奖金不仅仅需要科学的设计，更是一门艺术。

案例点评：

S公司奖励制度展现了灵活性，通过特色奖金与多样奖励途径激发员工积极性。然而，缺乏明确管理规则，可能导致奖罚随意，影响员工信任与满意度。这提示我们，在设计奖励制度时，需平衡灵活性与规范性，确保公平性、透明度，并建立健全监督机制。只有如此，才能有效激励员工，促进企业持续发展。

2. 惩处的应用

（1）惩处使用的考量。不同企业的文化、管理理念和领导风格会决定惩处方式的选择和频率。国有企业和外资企业可能更倾向于遵循严格的规章制度和程序，以确保惩处的公正性和合法性；而民营企业，尤其是处于快速发展或转型期的企业，可能会更加灵活地使用惩处手段，以迅速纠正不良行为，维护组织的纪律和效率。此外，企业所处的行业环境、竞争态势以及员工队伍的特质也会影响惩处策略的制定。

（2）惩处的"策略性"。与奖励的"艺术性"相似，惩处也需要一定的策略。包括选择合适的惩处方式、确定合理的惩处程度、把握适当的惩处时机等。管理者需要综合考虑违规行为的性质、影响范围，以及员工的态度和改正意愿等因素，采取既能达到警示效果又能促进员工成长和发展的惩处措施。同时，惩处过程应确保公正、透明，避免主观臆断和偏见，以维护组织的公平秩序。

（3）惩处与改进的结合。惩处不是目的，而是手段。企业在实施惩处的同时，应关注员工的改进情况，为员工提供必要的支持和帮助，促进其行为的改变和能力的提升。通过设立改进计划、提供培训资源、定期跟踪评估等方式，帮助员工认识到自己的错误并采取措施加以改正。这样既能达到惩处的目的，又能激发员工的积极性和创造力，促进企业的持续发展。

（4）惩处与正面激励的平衡。惩处与正面激励是相辅相成的两种管理手段。企业应在实施惩处的同时，通过奖励优秀员工、树立榜样人物等方式，营造积极向上的工作氛围。这样既能强化员工的正面行为，又能减少违规行为的发生，实现惩处与激励的平衡发展。同时，企业还应加强对员工的教育和引导，增强员工的自律意识和责任感，以维护组织的和谐稳定和持续发展。

案例10-2

某企业的负面激励制度

"我在这家企业工作已经超过7个年头。"一家员工规模超过20000人的制造型民营企业的财务部长说，"我了解这家企业，它是一家文化非常强势的企业，所有的人员都被这种文化所笼罩和被塑造，你必须适应它，否则你无法在这个企业生存。"

"我的领导永远不会对我的工作满意，正如我无法对我的下属的工作表示满意一样。这里就是这种文化，这种氛围总是在压迫你使你变得更好。所以，所有的人都感觉压力很大，所有的事都不是可以随便应付过去的，你必须调动你所有的潜力，把事情做到你认为的最高水准，这就是公司文化强调的'极致'吧。"

"因此，负面激励是这里最常见的东西，经常有人被罚款。当然，被奖励的情况也很多，有时候你可能被奖励得心惊肉跳，远远高于你的预期，这里的人应该都发挥了自己的所有能力和潜能，至少我是这么认为的，已经没有什么可以保留了，我们已经掏空了自己的一切。"

"这种文化的负面作用也很明显，压力太大，领导总是不满意，很多人适应不了，尤其是入职的前 8 个月。"他笑了笑继续说，"对于大多数人来说，前 8 个月是个坎，过来了就好了，就适应了，前 8 个月的流动率很高，但 8 个月之后的离职率小很多。"

"整体来说，我还是很喜欢这里。这里很公平，人际关系很简单，好就是好，不行就是不行，检验的标准是一致的，工资待遇也不错。我们有很强的社会体面感，周遭的人很清楚，能够坐上这样的位子即证明你差不到哪里去。有能力的人在这里发挥得很充分，不需要论资排辈，所以，这里人才济济，各方面的能人很多，相互之间的学习和影响也很多。重要的是，每个人在这里的成长都很快，在这种压力环境下，人的成长速度比一般企业快很多，这是大多数人的感受，我也是这样感受的。在这里的这几年，我个人收获很多，成长了很多，我感到很庆幸，我对这里很感激，尽管我也付出了很多很多。"

案例点评：

本案例展示了该制造型企业独特的负面激励制度。企业通过强烈的企业文化和压力环境，激发员工的潜能和极致表现，实现高效管理和员工快速成长。然而，这种制度也带来了高压力和高流动率的负面影响，尤其是在新员工入职的前 8 个月。尽管如此，该企业的公平环境、简单人际关系、快速成长机会以及优厚待遇，吸引了大量有能力的人才，形成了良性竞争和学习氛围。整体而言，该案例揭示了负面激励制度在特定环境下的有效性，企业需权衡利弊，合理应用。

第四节 员工评优

一 评优的困扰与误区

一项成效明显的评优活动来源于科学系统的活动策划和制度安排，但对某一项不利评优因素的重视不足和考虑不周就可能导致评优活动的全部失效。评优的困扰与误区主要表现为以下几点。

1. "厚此薄彼"效应

正如硬币都有两面，评优也有其两面性。组织总是谋求一种均衡的状态，尽管评优具有鼓励先进、树立榜样的作用，如果某个基层组织缺乏具有突出表现的榜样成员，评优就变成了一件困难的工作。如果成员们的业绩和表现都相对平衡，褒奖了其中的某些人，则事实上贬抑了其他的员工，员工们会感觉管理者在厚此薄彼，并引申认为上司并不肯定和喜欢自己。

保护大多数人和调动大多数人的积极性是管理的基本法则，而一项模糊的评优却正好相反。管理者们担心，这场正面意义尚难预期的年终活动将损害大多数人的积极性，并对来之不易的团队凝聚力、公平感和组织氛围产生破坏性。事实上，评优活动正在考验团队领导者的管理实力，他需要通过公平的手段促进那个或那些最合适人选的产生，并把这项活动的负面影响降为最低。

2. "标准模糊"效应

这是一个根本性问题，大多数评优的失效和失败都可归因于标准模糊。标准不清或不可量化，放大了可评选的对象范围，增加了评选难度，如果大多数人都在标准范围之内或都可能成为获选对象，分化了评选的视线，就难以获得大多数员工认同的公信结果。此外，完全定性的评选条件是标准模糊的主要根源，诸如"敬业负责""表现突出"等非量化的定性描绘，宽泛所指，缺乏可以具体衡量的优劣标准，使评优活动演变成为人际关系的博弈游戏。

3. "指标分配"效应

评优是评选少数人的游戏，因此需要得到数量指标的控制。通常企业按照基层单位员工数量的一定比例下达评优指标，但基本是平均分配的，忽视了团队之间的差异。然而，事实上团队之间的差异甚大，一个优秀的团队是众多优秀者的集合，一个平庸的团队可能一"优"难求。在评优问题上，人们更在意团队内成员之间的优劣比较，却漠视团队之间的横向对比，在评优指标上"一视同仁"，平均分配，是事实上的不公平，也是影响评优质量的重要因素之一。

4. "民主推选"效应

多数企业都在使用自下而上的民主推选办法，以体现评优活动的公开性和透明性，从而树立榜样人物。然而，民主推选也是隐含问题最多的方法，如果民主推选过于开放，评选标准又非常模糊，则推选的人选就可能非常分散，最后决定评选结果的关键因素，可能并非候选人的实际工作品质，而是他的人际关系状况。

尽管人际关系能力是职业能力的必要组成部分，但是这种"民选"办法可能导致每年评选出来的"优秀者"，常常是既没有明显优点也没有明显缺点的员工，而那些业绩能力突出，但个性鲜明、敢说敢做、棱角分明的人可能永远与"优秀员工"的荣誉无缘。评优的结果具有导向意义，如果这样的评优方式持续较长时间，这样的"优秀员工"就成为主流价值导向员工，组织即潜移默化地塑造了这样一群人。

5. "无记名投票"效应

为了避免民主推选所涉及的微妙人际关系和不可控性，一些企业采取独立单位全员无记名投票方式，根据得票数量决定最后的评优结果，这也是许多基层单位为了避免人际关系尴尬和冲突而采用的消极应付办法。但是，如果没有明确清晰的评选标准和条件界定，无记名投票的效果更加接近人际关系作用的结果，原因是人们的评优心理并不与组织的预期和需要完全一致，那些业绩表现突出的优秀者也并不是完美者，组织中还存在着"枪打出头鸟"的心理，那些能力和业绩突出的人并不是组织内最受欢迎的人。

无记名投票的最大优势是，最大限度地反映了投票人的真实意愿，避免了投票人相互之间的影响以及某种负面力量对评优活动的影响，其前提是投票人必须具有较强的角色责任感和公正性。因此，一些企业将无记名投票方法只用于优秀员工候选人汇总后的最终差额评选，由公司临时成立的"评委会"或"评优小组"完成最后的表决。

6. "轮流坐庄"效应

"轮流坐庄"是员工评优最坏的结果，不幸的是，也是最常见的评优现象，它使员工评优只剩下了形式。由于缺乏清晰而具体的优秀员工评选模式和标准，每个达到基本评优标准的员工都具备了似像非像的评优条件，基层组织为了避免短期的人际关系矛盾等负面影响，通过民主推选，形成了事实上的"轮流坐庄"，即团队内每年轮换确定"优秀员工"人选，这也是基层团队追求内部平衡的最佳选择。

"轮流坐庄"使评优活动变成了一场真正的人为游戏，它使员工评优的激励作用和榜样意义丧失殆尽，并无谓地耗费企业成本。它可能成为一种弱化竞争、优劣不分的潜规则，使绩优员工得不到公正的肯定和彰显，危害企业的用人环境和积极向上的企业文化。

二　评优的解困之道

评优内容应与其形式相符，而非仅仅是一项在年终进行的例行公事，那些站在舞台中央的人应当基本代表公司员工的先进性，并具有真正的榜样作用。做到这些可从以下几个方面着手。

1. 定量标准

最需要解决的是评优标准问题。标准应当准确、具体而清楚，它划定了一种界限，把那些优秀者圈进来作为赋予荣誉的考虑对象。定量标准划定的界限是最具有证据力和公信力的界限，实践中，可将定量标准的要求作为基本入围条件，达到定量标准的要求即可进入候选人范围，而无须进行民主推选，即依据客观数据入围而非主观推介入围，在入围的基础上进行最终评选。定量标准包括以下几点。

（1）绩效标准。将企业绩效管理系统中的月度绩效和年度绩效作为评优入围标准和条件，如设定月度平均绩效等级或年度绩效等级标准作为优秀员工入围标准，既体现了以绩效为导向的企业文化，也从侧面提示了绩效管理系统的重要作用。

（2）业绩数据标准。将各项反映员工价值的业绩标准作为评优入围标准，如销售额、产品合格率、服务满意度、设备故障率、客户满意度等业绩数据。

（3）价值贡献数据。将具有突出价值贡献的标准作为评优入围标准，如研发人员的专利数、新产品销售额，销售人员的销售额和回款额，生产、质量、供应链人员在成本、制造工艺、品质改进等方面贡献的价值，管理人员管理创新、成本控制、合理化建议中贡献的价值，等等。

（4）累计计分标准。将上述各项业绩数据和价值贡献设计为计分办法，累计计分，计分标准作为入围评优标准。

2. 细分类别

为强化企业价值创造的主要因素和岗位属性特点，可在评优系统中细分优秀员工的不同内涵，侧重于对某一种价值贡献的表彰。如"销售标兵""服务标兵""质量标兵""生产标兵"等，以业绩数据为依据，评选的指标维度相对单纯，避免大而全的完美标准。

3. "跷跷板"原则

在优秀员工评选数量的分配上，可结合团队绩效因素动态分配评选指标，给被评为优秀团队的单位更大的分配比例，对于业绩表现较差的团队，可以降低比例或者取消名额，以此区别不同绩效团队在评优问题上的差异，从而达到评优活动的激励作用。

4. 事迹依据

提供事迹依据是防范标准模糊和人际关系效应的手段之一。基层单位在申报优秀员工候选人时，应提供候选人的优秀表现事实和优秀事迹，作为下一轮评选和公司最终审批的重要评选证据，这些事迹可以是一些具体的表现事例，也可以是业绩数据的呈现。

5. 合议原则

公开沟通和合议仍然应当是评优过程中的主要形式，通过公开沟通和阐述，展现候选人的优秀事实和事迹，有利于展示榜样和弘扬正气，鼓励经验学习和借鉴，提升团队士气。评优过程具有与评优结果同等重要的意义，是一次沟通、学习和明辨优劣的重要机会，是鼓励先进、鞭策后进的难得契机，而简单应付的无记名投票则基本取消了这一过程。

6. 公示程序

在获得最终的评选结果之前，应将拟评候选人的简介和事迹依据在企业内部进行公示，以防止原则信息的错误风险，如出现有关候选人的业绩数据和事迹信息的虚假和错误，经查证后可取消候选人的评优资格，并追究有关责任人的责任。

专栏

×××集团公司事业部评优办法

第一章　总则

第一条　目的

为加强企业文化建设，培养和塑造广大员工的集体荣誉感和使命感，不断增强企业向心力和凝聚力，特制定本办法。

第二条　适用范围

本办法适用于事业部各单位全体基层员工，包括各科室、车间（厂）办公室人员，制造、研发、营销系统一线员工。中高层干部不参与事业部优秀员工评选。

第三条　一线员工

①制造系统：包括制造工艺人员、检验人员、生产工人、技术工人、辅助工人等。

②研发系统：包括直接从事新品研究、开发、测试评价的技术人员、中试工厂试制员等。

③营销系统：包括驻外业务、推广、维修、售后技术、财务、导购等员工（含当地招聘人员）。

第二章　管理职责

第四条　归口管理部门

事业部经营管理部负责组织事业部优秀员工的评选、奖励等工作，并负责编制、完善和维护评选标准和评选程序。

第五条　相关职责

各二级子公司、职能部应参照本办法组织编制、完善本单位优秀员工的评选管理办法，并负责根据评选标准组织评选本单位内部优秀员工，及根据名额比例向事业部推荐申报。

第三章　评选标准

第六条　分类

优秀员工按工作性质分成办公室人员，车间作业长、班组长，制造、研发、营销系统一线员工。评选时，向制造、研发、营销系统一线员工倾斜。

第七条　基本条件

优秀员工必须具备以下条件，缺一不可。

①在事业部连续工作1年以上。

②遵守考勤纪律，年总出勤率在99.7％以上。

③品德端正，遵纪守法，无违反国家法律法规和厂规厂纪行为。

④工作认真负责，积极主动，服从整体安排，能配合同事完成各项工作任务，无较大的工作失误。

⑤热爱公司，爱岗敬业，乐于助人，与同事相处融洽。

⑥完全胜任本职工作，能较好完成工作任务。

第八条　优先评选条件

在基本条件已具备的情况下，具备下列条件之一的员工可优先参与评比，经综合评价后择优确定人选。

以下分值均表示最佳状况时的得分，为该项目的满分；评选时将根据实际情况扣减后计正分。

1. 办公室人员

①刻苦钻研业务知识，在本职岗位工作成绩突出，受到领导和同事普遍好评。（30分）

②努力改进工作成效或通过合理化建议，为公司创造显著经济效益。（20分）

③对推动品质管理、成本控制工作和在体系监控、维护方面做出突出贡献。（15分）

④克己奉公，为公司挽回重大经济损失或名誉损失。（10分）

⑤为公司取得重大社会荣誉。（10分）

⑥在集团和事业部获得重大奖励和表彰。（10分）

⑦努力提高自身素质，通过自学或其他形式获得更高一级学历或学位，并能在工作中得到发挥。（5分）

2. 车间作业长、班组长

（1）除具备第七条列出的基本条件外，还应具备下列必备条件。

①班内至少有一个QC小组组长及两个以上组员，该QC小组能够按照企业标准开展活动。

②班内没发生过质量事故。这里的质量事故是指：制造过程中，班内有关人员违反有关规定或惯例，造成100台（件）以上、总价值在3000元以上的产品因类似的问题需返修、报废或不合格；产品投放市场后，被消费者、经销商或顾客服务科投诉有性质严重的个别质量问题（如机内有手套或打错包装等）。

③班内材料、零部件进、耗、产账目清晰，无金额在2000元以上的重大不明账目。

④班内无违反ISO 9001/ISO 14001体系而被事业部通报批评案例。

⑤班内无违反MRPII操作规程而被事业部通报批评的案例。

⑥无工伤事故。

⑦班内员工无打架斗殴等重大违纪及违法现象。

⑧班内工作气氛和谐融洽，无集体怠工现象。

（2）优先评选项目如下。

①按月考核，质量水平超过车间指标要求。质量水平的评价主要基于自错（含自检、互检）及合格率。各车间将上级下达的质量指标分解到各个班，作为车间对班的质量指标。（30分）

②按月考核，生产效率超过车间指标要求。各班的生产效率指标，以每小时产出量计算，由车间根据排产任务及实际情况，在现有基础上制定。（15分）

③在本单位或品质管理部组织的QC小组活动成果发表中获奖或在全国、省、市获奖。（15分）

④按月考核，班内设备故障率在5%以下。（10分）

⑤各车间（厂）每周组织现场评比，或利用上级单位每周的现场安全文明生产检查结果，对评比良好的班实行加分。（5分）

⑥每月一次对班组园地、板报进行评比加分。（5分）

⑦广泛征求合理化建议，采取自主改善活动，效果良好的应予加分；若对产品质量、成本、功能有较大贡献且经技术开发部、测试中心或生产管理科书面确认，应给予重奖。（5分）

⑧班内人员在事业部、集团举办的各项竞赛活动中获得名次。（5分）

⑨员工在社会上因好人好事受有关部门、单位或个人书面表扬或感谢。（10分）

3. 制造、研发、营销系统一线员工

①工作绩效综合评价。制造系统侧重于自错率、合格率及服务到位、反应速度等方面的评价；研发系统侧重于新品开发质量、进度等方面的评价；营销系统侧重于销售任务、广告费

用、投诉处理等工作执行能力方面的评价。（30分）

②通过创新，提高工作效率和工作质量，为公司创造显著经济效益。（20分）

③在品质、成本控制工作中做出突出贡献。（15分）

④在QC活动、团队建设、合理化建议等活动中表现优异并获得重大奖励、表彰。（10分）

⑤克己奉公，为公司挽回重大经济损失或名誉损失。（5分）

⑥为公司取得重大社会荣誉。（5分）

⑦在集团和事业部获得重大奖励和表彰。（10分）

⑧努力提高自身素质，通过自学或其他形式获得更高一级的学历或学位。（5分）

第九条　标准说明

各职能部、二级子公司应根据本单位实际情况，在此标准的基础上细化、充实和完善各评选条件，确保评价体系的统一性、科学性和可操作性。

第四章　评选程序

第十条　评选时间

事业部优秀员工评选时间为每年7月份，一年集中评选一次；要求各职能部、二级子公司在6月底以前完成本单位内部优秀员工评选，并向事业部推荐。

第十一条　评选人数

事业部优秀员工候选人30名（每年可根据实际情况作相应调整），事业部经综合评价后从中择优选出20名，评为事业部优秀员工。

第十二条　评选倾斜原则

二级子公司、技术开发部、营销部员工同等条件下优先评选。

制造、研发和营销一线员工同等条件下优先评选。

第十三条　各单位内部评选

各职能部、二级子公司根据本单位内部的优秀员工评选管理办法，组织本年度优秀员工评选。

第十四条　候选人推荐

事业部根据下属各单位员工总人数、整体素质等情况确定优秀员工候选人分配名额；各单位组织填写"公司事业部优秀员工候选人申报表"，经主管部长或子公司总经理审批签字后，按规定名额向事业部推荐申报。

第十五条　评选小组组成

事业部优秀员工评选小组由各职能部管理科科长、二级子公司管理部部长等人员组成，总人数为12～15人，事业部下属各单位原则上只能选派1名评委。

第十六条　评选人数初步筛选

评选小组成员依据评选标准对优秀员工候选人进行初步筛选，不符合事业部评选条件的员工将不再参加下一轮投票评选。

第十七条　投票表决

评选小组成员对经初步筛选后的优秀员工候选人进行差额投票评选，每个小组成员一人一票，按得票高低选出前 20 名，即事业部优秀员工；若第 20 名有多人得票相同时，可对相同票数的候选人再进行投票表决，按得票高低选出其中 1 名。

第十八条　评选人数报批及调整

经评选小组评选出的 20 名优秀员工名单连同候选人申报表，报事业部经营管理部部长审核，总经理审批。在报批过程中有重大质疑和申诉时，可召集评选小组再进行评选。

第五章　优秀员工奖励

第十九条　奖金来源

事业部优秀员工奖励资金来源于事业部及下属单位的管理基金，由经营管理部按照报批的金额统一支取。

第二十条　奖励标准

事业部优秀员工由经营管理部组织实施奖励。若颁发奖金，参考标准为 3000 元/人。

第二十一条　其他

事业部下属各单位内部评选出优秀员工由各单位自行组织奖励，原则上要求已获奖励的事业部优秀员工不在各单位内部重复奖励。

🎓 课后思考

1. 员工行为规范的内容通常包括哪些方面？
2. 什么是员工手册？员工手册的内容包括哪些方面？
3. 员工奖励有哪些方式？应遵循哪些原则？
4. 员工惩处的基本原则有哪些？

第十一章

组织公平与满意度

🎓 学习目标

①明确了解员工对于企业用人环境优化的需求日渐凸现，而组织公平是用人环境的基本要求。

②明确了解员工满意度管理是员工关系管理的一项重要工作，企业应该根据需要进行员工满意度的调查与指标监测，并进行动态的满意度管理。

第一节　组织公平

随着国内人力资源市场供需关系的根本转变，员工对于企业用人环境优化的需求日渐凸现，而组织公平是用人环境的基本要求。没有公平就谈不上员工关系的稳定，也谈不上对优秀员工的维系。对于大多数员工来说，公平对待和公平公正的内部环境比金钱的多少更加重要。

案例11-1

W先生的收入

W先生是某大型机械制造集团公司研究院的一名研发项目经理，他是一名高级工程师，入司已经4年，他的年收入约100万元。2021年9月他提出离职，其直接领导反复劝留无效，人力资源部在对他的离职访谈中了解到其主要的离职原因是工资与分配问题。

"我很清楚，离开这里我很难拿到这么高的收入了，"他说，"但我还是决定离开，尽管这个决定很困难。我对我的工资很满意，我的工资已经很高了，但是公司的分配很不合理，有很多人付出比我少，技术水平也比我低，做出的贡献比我小，但得到的薪水与我没有区别，这不公平。这种情况给我的困扰很久了，我向领导反映过多次，但是没有变化，我觉得很不舒服。我希望在一家更加公平的公司工作，即使工资少一点我也愿意。"

案例点评：

本案例揭示了企业薪酬分配不公对员工忠诚度与工作满意度的深刻影响。W先生尽管获得高薪，但因分配不公感强烈而选择离职，反映出单纯的物质激励无法弥补制度缺陷造成的心理失衡。企业应重视建立科学、透明、公正的薪酬分配体系，确保员工的努力与贡献得到应有的回报，从而激发员工工作积极性，增强团队凝聚力，减少因不公平感引发的人员流失风险。

一　公平对待员工

企业需要常常做出一些事关公平的决策。企业雇用了某个人而拒绝了另外一个人，晋升了一个人的职务而冷落了另外一个人或者降低了另外一个人的职务，给某个人加薪而另一些人的薪水却没有变化，对于这些决策问题，员工们的反应在很大程度上取决于他们是否认为这些决策和决策的程序是公平的。

在大多数人看来，公平是公正的一个内在组成部分。一个公司是公正的，意味着它在管理上公正、公平、不偏不倚，就员工关系来讲，组织公平就是程序公平、结果公平和人际关系公平。公平也意味着道德，一个公平的公司也是一个有道德的公司。

很多企业都对主管们设置了"员工离职率"的考核指标，因为招募员工的难度和成本已经大幅上升，企业不能容忍员工不合理流失的现象。

促使主管们行事公平还有其他更加重要的原因，这些原因如下。

（1）诉讼越来越多。自《劳动合同法》和《劳动争议调解与仲裁法》等法案颁布实施以来，主管们要确定，处分与解雇程序是否经得起仲裁者与法庭的审查，如果这些程序明显不公或不合法，显然要承受很高的成本，这显然不是企业决策者们乐意接受的。

（2）员工不示软。员工选择工作的机会在大幅增加，他们可以拿着能力的选票选择企业和主管，不需要像过去那样向主管示软。而事实上，越不示软的员工可能得到更加公正的对待。一项研究表明，下属如果态度坚决，能部分影响其主管对他的公正性。

（3）公平影响积极性。公平感能够提高员工满意度和工作积极性，使公司和工作更具吸引力；相反，如果员工们认为这是一个不公平的公司，他们的满意度较低，工作的努力程度也会降低，并开始考虑"另谋高就"。

（4）公平影响组织绩效。在一个公平的组织里，组织成员相互尊重和团结，充满着愉悦感，工作是人们获得乐趣的一部分，良好的组织氛围产生成员间的合力，造就良好的组织绩效。如果组织内经常出现不公平的管理事件，那么，管理者所有其他正确的决策都可能受到抵制，无法组织正常的经营管理。

二 人力资源管理中的公平问题

人力资源管理涉及广泛的员工利益问题，因此，企业的公平问题会大量地出现在人力资源管理领域，这些领域不仅仅是指企业的人力资源部门，更是指企业所有分布在各个用人部门的人力资源管理活动。

1. 招聘与甄选

招聘与甄选的公平问题主要包括甄选方法和程序的公平。新员工甄选过程中的公平，可以让员工感受公司在公平对待问题上的价值观和文化习惯。如果一名应聘者在被甄选的过程中，就已经感受到公司在甄选工具上以及人际关系公正上存在明显的不公平，他就很难想象未来的工作环境是公平的。

现代企业已经拥有足够的措施以确保人们认为公司的甄选方法是公平的，包括程序、结果和人际关系的公平公正。与此相对应的是，企业也在判断应聘者的公平道德，比如是否诚信地提供个人信息，从而对所有申请这些职位的应聘者是公平的。人们相信"提升一个组织最简单的方法就是录用更多有道德的人"。如果人力资源部门的人能够在招聘资料中强调公司对于诚信和道德的高度重视，那么就可能在正式录用新员工之前排除那些对公司产生风险的人。

2. 绩效评估

企业绩效管理活动涉及广泛的公平问题，绩效计划、绩效标准的设置以及最后的绩效评估都应当建立在公平公正原则之上。有些客观原因造成的公平问题可能难以克服，比如一线业务部门的绩效指标容易量化，能够精确地评价，而后台职能部门的绩效指标难以量化，绩效压力相对较轻。此外，管理者的个性特征和责任感的差异可能导致不同部门之间的绩效考核宽严尺度不一，即同样的绩效表现可能因为不同的主管存在差异较大的绩效评价。尽管如此，主管应当至少确保在本部门或团队内的宽严尺度是一致的，绩效标准应当清晰准确，绩效程序应当公正公平，以确保人们认为公司的绩效考核是公平的。

企业绩效管理是展现公司重视公平公正的机会，人们也许在乎主管对自身工作绩效的评价，却更在乎评价方法和程序是否公正。

3. 薪酬福利

薪酬的公平将直接影响员工的去留。从薪酬的本质上来说，薪酬本身需要符合三个公平原则，即外部公平、内部公平和个体公平。外部公平是指公司提供给员工的薪水与该行业的市场普遍价格相比，具有合理的可比性，如果薪酬水平不足，有能力的员工就可能离开；内部公平是指公司给予的薪水与每个岗位的相对内在价值相符合，岗位价值高即薪酬标准高，否则，对员工的激励和保留就无从谈起；个体公平是指个人的付出与绩效不同，应获得不同的薪酬。

尽管薪酬的公平性永远是一个相对概念，但这并不能成为企业忽视薪酬公平机制的理由。管理者需要认识到薪酬系统性的重要。薪酬是一个牵一发而动全身的体系，任何一种缺乏系统考虑的局部调整都可能影响薪酬的整体公平性。与外部公平和个体公平相比，内部薪酬公平问题是目前中小企业最为突出的问题，也是基层员工和低收入阶层员工最为敏感的问题，同时，它还是目前影响基层员工高流失率的主要原因之一。

4. 奖惩制度

员工奖惩显然是另一个展示公司重视公平的机会。显示奖惩公平的主要因素是依规奖惩，事前有严谨和细致的制度规定，管理者依照规定"论功行赏"和依法惩处，即便制度本身存在一定的缺陷，人们也认为是公平的。如果企业对于员工违反规定或者存在不道德的行为没有采取惩处行动，那么，那些遵守公司规定的人常常觉得自己受到了处罚。

5. 员工培训

有关员工培训的公平性，主要体现为员工培训机会的分配和企业诚信文化的培训等内容。员工培训机会的安排应当依照公司的培训制度进行，尤其是高成本的委外培训或学历培训，被看成一项员工福利和权益。原则上，这种利益机会的分配应当被公司制度证明其合理性。

在公司文化的培训中，应当强调公司对诚实、公平与道德的重视。比如"先做人后做事"这样的文化倡导，就是强调道德选择的精神力量，强调道德胜于一切，也意味着公司选择成为一家有道德的公司。

三 公平的企业文化

企业的公平因素无处不在，这些因素取决于各级管理者的行为。有时候，不在于管理者们说什么，而在于他们在做什么，他们对于一些公平问题的处置，可以使员工们感受到公司对待公平问题的坚定不移的态度。

除管理者的个人影响之外，企业的公平机制也是确保组织公平的有效途径。这些机制主要反映在企业人力资源管理制度内容中，企业制定这些政策和规范表示其看重公平道德，愿意公平对待员工。

第二节　员工满意度

简言之，员工满意度是指员工对企业及其环境的满意程度。随着企业对用人环境和留人机制的关注程度越来越高，员工满意度的话题逐渐纳入了最高决策层的议事日程。既然员工关系因素是影响企业生产力和竞争力的第一要素，关注他们是否对现状满意就是理所当然的事。员工满意就可能留下来，不满意就可能会离开，企业不能日复一日地重复招聘，这既增加了成本，降低了内部运行效率，也极大地影响了企业形象和口碑。

一　员工满意度调查

员工满意度调查通常以问卷调查等形式，收集员工对企业管理各个方面满意程度的信息，通过数据统计和分析，真实地反映员工的客观感受和企业经营管理现状，为管理诊断和决策提供依据。

1. 员工满意度调查的目的与作用

员工满意度调查的目的主要是了解员工的满意程度和公司经营管理给予员工的感受，其主要作用为诊断问题并做出改进。具体的调查目的和作用如下。

（1）诊断企业潜在的问题。员工满意度调查是员企业管理问题的"晴雨表"，员工感受到的问题是对企业问题的侧面真实反馈。

（2）诊断问题的原因及因果关系。通过科学的问题和问卷设计，调查企业问题的成因及其相互之间的因果关系。

（3）评估管理对员工的影响。员工满意度调查能够有效地用来评价管理以及有关制度政策变化对员工满意度的影响，促进公司与员工之间的沟通和交流，成为信息上下沟通的安全渠道。

（4）预防和监控问题的发展。通过员工满意度调查可以捕捉员工思想动态和心理需求，从而采取针对性的应对措施，防止问题的进一步深化和发展。

（5）收集员工意见。通过员工满意度调查能够收集到员工对改善企业经营管理的意见和要求，激发员工积极参与组织管理变革，提升员工对组织的认同感和忠诚度。

2. 员工满意度调查的内容

员工满意度调查可以根据调查的不同目的，设计相应的调查内容。内容可宽可窄，取决于调查的用途及其特殊性，但内容大多涉及企业人力资源管理和企业文化管理内容，因此，员工满意度调查是企业人力资源管理的基础性工具。每年例行的员工满意度调查包括以下内容。

（1）员工薪酬。薪酬是员工最为敏感的感受因素，也是关系员工满意度水平的重要内容。企业在进行薪酬体系和政策的设计和修订时，通常以员工满意度调查作为重要的参考依据，也体现对员工工作的尊重。

（2）公平性。涉及公司在薪酬、绩效、培训、晋升、惩处以及其他有关员工关系管理内容上的公平性，包括对公司制度、管理程序以及管理者有关公平性的现状评价。

（3）管理现状。涉及公司制度执行、管理成效、管理风格、管理者素质等管理现状的评价。

（4）职业环境。涉及员工工作压力、组织氛围、人际关系状况、相互尊重、人本主义等员工职业环境的评价。

（5）环境条件。涉及公司环境硬件条件如温度、湿度、通风、光线、噪声、清洁状况以及员工使用的工具和设施等满意度评价。

3. 员工满意度调查的方法

员工满意度调查按照调查的方式可分为访谈调查和问卷调查，按照调查的对象范围可分为抽样调查和整体调查。

访谈调查是指通过面对面访谈的方式进行的调查。一般为结构化访谈，其优点是调查空间自由，双向互动，有利于追根溯源，掌握员工深层次的感受和探究问题发生的根源；缺点是对访谈人的谈话技巧要求较高，调查问题容易发散，耗费时间较多，组织难度较大，而且被访谈人对于表达真实意思存有顾忌，调查信度受到影响。

问卷调查是以通过事先设计的问卷让被调查者回答问题的调查。其优点是严谨系统，问题清晰聚焦，时间耗费小，容易组织，而被访谈人能够安全表达真实意思，效度和信度都较高；缺点是问题固化，缺乏互动性和个性化意见，对问卷问题设计的专业要求较高。

通常，访谈调查应由外部人员举办，以增加信度；问卷调查可由内部人员举行，也可由内外部人员共同组织进行。

选择抽样调查还是整体调查的方式，主要取决于企业规模以及其他特殊的需要。如果企业规模较大，整体调查成本太高，也难以组织，可选择抽样调查。抽样调查又包括随机抽样、等距抽样、分层抽样、整体抽样等不同的抽样方法。企业规模较小，容易组织全员调查，一般使用整体调查的方式，以确保调查结果的效度和信度。

通常，规模性企业会采用每年一至两次的调查频次，有特别需要时可临时决定组织员工满意度调查，如重大的管理调整、与员工利益密切相关的政策变化、薪酬或绩效管理方案实施后的员工满意度调查等。

二 员工满意度调查在国内企业的应用

国内企业，尤其是规模性企业对于员工满意度调查的应用已经非常广泛，外资企业与民营企业通常具有更强的调查意愿和倾向性，其中民营企业则具有更重要的现实意义。民营企业的竞争压力相对较大，员工流动率明显高于其他所有制企业，显然，民营企业的员工满意度指数相对较低。因此，民营企业应当高度重视员工满意度调查的应用，并将调查指数作为解决用人环境问题的重要依据，逐步解决员工流失率较高的顽症。

最大的困难在于多数企业尤其是中小企业缺乏有关员工满意度调查方面的专业人员，在问卷设计上如果系统性不足，针对性不强，技术含量单薄，或者是组织不力，不能按照严格的程序进行，员工在被调查过程中过于随意和相互串通，则严重影响员工满意度调查的信度和效度。将一份信度和效度都不够的调查报告作为决策依据，可能使决策层产生误判，在这种情况下，所进行的满意度调查不仅毫无裨益，而且是非常有害的，将给企业的管理调整带来极大的风险。企业应当组织专门的专业力量进行调查问卷的研究，或者寻求专业机构等外力的支持，以保证员工满意度调查的信度和效度，从而确保决策依据的准确性。

专　栏

某制造型企业员工满意度调查问卷

工作部门：_____（必填）入职年限：_____ 职位：_____

学历程度：_____

说明：

①本次调查采用不记名方式进行，除姓名可以不填写外，以上其他信息需要填写完整。

②调查结果最终以密送方式进行统计和处理。

③本问卷填写不超过 50％ 的内容时，视为无效答卷。

④为了能有效地收集满意度意见，请认真、真实地填写本问卷。谢谢您的参与！

请您在每个问题中选择一项最合乎自己看法的答案，将相应评分填写在分数栏目内（表 11-1）。

表 11-1　分数栏目

题号	分数	题号	分数	题号	分数	题号	分数	题号	分数	题号	分数
1		6		11		16		21		26	
2		7		12		17		22		27	
3		8		13		18		23		27	
4		9		14		19		24		29	
5		10		15		20		25		30	

1. 对公司的整体满意度

    A. 很满意   B. 满意   C. 一般   D. 不满意   E. 很不满意

2. 与去年相比公司的整体满意度

    A. 很满意   B. 满意   C. 一般   D. 不满意   E. 很不满意

3. 对现在的工作内容很感兴趣，觉得适合自己

    A. 非常适合   B. 较适合   C. 一般   D. 不适合   E. 很不适合

4. 工作目标、职责、制度规程易于理解、操作

    A. 非常容易   B. 较容易   C. 一般   D. 较难   E. 很难

5. 工作流程科学合理，使我可以高效率完成工作

    A. 非常合理   B. 合理   C. 一般   D. 不合理   E. 很不合理

6. 工作中遇到的困难，上司和同事会提供有力的支持和协助

    A. 总是   B. 经常   C. 有时   D. 很少   E. 从不

7. 工作中，直接上司会给我及时、需要的指导和在职培训

    A. 总是   B. 经常   C. 有时   D. 很少   E. 从不

8. 所在部门提供的培训能够满足我的工作需要

    A. 总是   B. 经常   C. 有时   D. 很少   E. 从不

9. 同事团结一致，凝聚力高

    A. 总是   B. 经常   C. 有时   D. 很少   E. 从不

10. 工作过程中，沟通及时、顺畅

    A. 总是   B. 经常   C. 有时   D. 很少   E. 从不

11. 管理人员与员工的人际关系和谐愉快

    A. 总是   B. 经常   C. 有时   D. 很少   E. 从不

12. 对工作的意见和提议能够得到及时的回复和落实

    A. 总是   B. 经常   C. 有时   D. 很少   E. 从不

13. 部门整体工作环境有利于留住优秀人才

    A. 非常赞同   B. 同意   C. 中立   D. 不同意   E. 强烈反对

14. 所在部门管理公平公正

    A. 非常公平   B. 较公平   C. 一般   D. 不公平   E. 很不公平

15. 直接上司管理公平公正

    A. 非常公平   B. 较公平   C. 一般   D. 不公平   E. 很不公平

16. 直接上司的工作专业水平

    A. 非常专业   B. 较专业   C. 一般   D. 不专业   E. 很不专业

17. 工作中需要的劳保用品和必备工具能够得到保障

    A. 总是   B. 经常   C. 有时   D. 很少   E. 从不

18. 部门内部信息传递准确、及时

    A. 总是   B. 经常   C. 有时   D. 很少   E. 从不

19. 部门业余文化生活健康、丰富

　　A. 非常好　　B. 较好　　　C. 一般　　　D. 较差　　　E. 很差

20. 公司的伙食质量、生活条件

　　A. 非常好　　B. 较好　　　C. 一般　　　D. 较差　　　E. 很差

21. 公司的企业文化令我有认同和归属感

　　A. 非常赞同　B. 同意　　　C. 中立　　　D. 不同意　　E. 强烈反对

22. 在公司工作，对我个人的成长、发展非常有利

　　A. 非常赞同　B. 同意　　　C. 中立　　　D. 不同意　　E. 强烈反对

23. 公司组织的培训能够满足我的工作需要

　　A. 总是　　　B. 经常　　　C. 有时　　　D. 很少　　　E. 从不

24. 公司考核公平、公正

　　A. 非常赞同　B. 同意　　　C. 中立　　　D. 不同意　　E. 强烈反对

25. 公司晋升机会公平、合理

　　A. 非常赞同　B. 同意　　　C. 中立　　　D. 不同意　　E. 强烈反对

26. 和付出的努力相比，公司给了我公平的薪酬福利

　　A. 非常赞同　B. 同意　　　C. 中立　　　D. 不同意　　E. 强烈反对

27. 和为公司做出的贡献相比，目前的作息时间能够令我接受

　　A. 非常赞同　B. 同意　　　C. 中立　　　D. 不同意　　E. 强烈反对

28. 公司各项管理制度能够得到有效落实

　　A. 总是　　　B. 经常　　　C. 有时　　　D. 很少　　　E. 从不

29. 公司职能部门（办公室）人员的礼仪礼貌

　　A. 非常好　　B. 较好　　　C. 一般　　　D. 较差　　　E. 很差

30. 公司职能部门（办公室）人员的专业水平

　　A. 非常好　　B. 较好　　　C. 一般　　　D. 较差　　　E. 很差

为了更好地改善工作，请提出您对公司管理工作的任何意见和建议：

课后思考

1. 招聘与甄选的公平问题有哪些？
2. 员工满意度调查的目的与作用是什么？
3. 员工满意度调查的内容有哪些？
4. 员工满意度调查的方法有哪些？

参 考 文 献

[1] 胡蓓. H 航空公司多元化员工管理研究［D］. 成都：西南财经大学，2011.

[2] 黄志伟. 华为人力资源管理［M］. 苏州：古吴轩出版社，2018.

[3] 韩智力. 员工关系管理：案例、诊断、解决方案［M］. 广州：广东经济出版社，2007.

[4] 何慧卿. 企业员工多元化管理研究及实证分析［D］. 衡阳：南华大学，2008.

[5] 王桦宇. 劳动合同法实务操作与案例精解［M］. 增订 8 版. 北京：中国法制出版社，2020.

[6] 徐恒熹. 员工关系管理［M］. 北京：中国劳动社会保障出版社，2007.

[7] 廖小平. 分化与整合：转型期价值观代际变迁研究［M］. 北京：高等教育出版社，2007.